Titelbild: ‚Beach' By olliwalli

piqs.de  CC-Lizenz

Impressum:

Herstellung und Verlag:

BoD - Books on Demand, Norderstedt

ISBN 978-3-7322-3382-3

.

**DANKSAGUNG**

Für meinen Mann Walter, der für manche dieser
Geschichten

eine Quelle der Inspiration war

Für Alfred und seine unschätzbare Hilfe bei der Herstellung

dieses Buches

# Rosie Cordsen-Enslin

# Ein Hauch von Abenteuer

Weite Meere

Große Städte

Kleine Machos

Reisegeschichten

# VORWORT

„Erzählen Sie mir doch nichts! Es ist einfach nicht wahr, dass das Leben die besten Geschichten schreibt. Zwar – es gibt schon Ferienerlebnisse, wie man sie nicht erfinden kann. Aber etwas dazu erfinden lässt sich immer. Und oft macht erst das Dazuerfundene aus der tatsächlich erlebten Geschichte eine wirklich perfekte Geschichte."

So schreibt der Satiriker Dieter Höss, den ich mir erlaube, aus einer alten Zeitungsglosse zu zitieren.

„Erlebnisse, hat einmal jemand geschrieben, wahrscheinlich nachdem er sich zahlreiche sterbenslangweilige Reiseberichte hatte anhören müssen, Erlebnisse seien an sich wertlos; entscheidend sei, was man aus ihnen mache".

„Oft ist das einzig Bedeutsame an der ganzen Geschichte überhaupt nur die Erzählweise. Ein Erlebnis ohne diese Erzählkunst bleibt ohne Bedeutung, wird zur Altlast des Urlaubslebens, zum Müll der Ferienerinnerung, zum Touristenschnee von gestern. Es verblasst, verschwindet, verflüchtigt sich wie ein Traum, den man nicht zu deuten versteht."

„Je blasser die Erinnerung, desto stärker wird dabei die Eingebung des Erzählers."

Dem Ganzen kann ich als Autorin nur zustimmen. Jedoch bleibt bei der Erinnerung an eine schöne, vergnügliche, beeindruckende Urlaubsreise ein kleiner Rest Glücksgefühl im Munde, dagegen bei einer enttäuschenden, faden oder vom Pech verfolgten, ein bitterer Nachgeschmack. An diesen beiden sollte der Erzähler anknüpfen, denn sie fördern, bekannterweise, das Erinnerungsvermögen.

In den folgenden subjektiven Reisegeschichten geht es in erster Linie um die Menschen, die darin erscheinen; ihre Auftritte, ihre Merkmale, ihre Macken, der flüchtige, doch gelegentlich intensive Kontakt unter Reisenden vor der Kulisse sehenswerter, exotischer Landschaften. Die touristische Umgebung dient hier nur als Einbettung der anekdotisch geprägten Erzählungen. Humor und Ironie geben den Ton an, dazu gesellt sich ein Schuss Nostalgie, wenn es sich um heimatliche Gefilde handelt.

Mehr sei nicht verraten, liebe(r) Leser(in). Prüfen Sie selbst.

Ich wünsche Ihnen gute Unterhaltung.


Rosie Cordsen-Enslin

# AUF HOHER SEE

Die ersten Schiffe, die mir in meinem Leben begegneten, waren weiß und zerbrechlich, Papierschiffchen von Kinderhand gefaltet, die das angesammelte Regenwasser geschwind durch die Kanalisation wegtrug. Sie waren die Vorläufer jenes soliden englischen Passagierdampfers, den ich einige Jahre später mit Mutter und Brüdern in Richtung Europa besteigen würde. In den strengen Augen meines Vaters waren wir junge Wilde, träge und undiszipliniert, und so beschloss er, uns für ein halbes Jahr in die Obhut seiner geliebten Schwestern in Neumünster zu geben. Wir sollten dort die deutsche Sprache verbessern, mit Sitten und Gebräuchen konfrontiert werden und die gute, alte deutsche Erziehung genießen.

Nach einem vierstündigen Flug von Santiago de Chile nach Buenos Aires schifften wir uns, mit Koffern und Rücksäcke schwer beladen, am Hafen ein. Unsere Kabine, bestückt mit vier Stockbetten, roch, wie alles an Bord, nach der wasserdichten Farbimprägnierung von Wänden und Böden. Ein Bullauge erhellte den Raum und zeigte einen kleinen Teil des Horizonts. Wir Kinder waren begeistert von der Aussicht, das ganze Schiff nach und nach erkunden zu können, doch es stellte sich später heraus, dass wir als Passagiere der Touristenklasse gewisse Gebiete gar nicht betreten durften.

Noch standen die Passagiere an der Reling und winkten zum Abschied mit weißen Taschentüchern, als die Schiffsglocke aufdringlich zum Abendessen einläutete. Von unserer Mutter begleitet betraten wir den großen Speiseraum und suchten unsere nummerierten Plätze. Das Essen war einfach; beim gleichbleibenden Nachtisch variierte nur die Bezeichnung, aber das sollten wir erst viel später bemerken. Als wir zur Reling zurückeilten, war es stockdunkel geworden. In der Ferne blinkten die Lichter des verlassenen Hafens, und der Boden unter unseren Füßen wackelte bedrohlich. Jetzt wussten wir was es bedeutete, auf hoher See zu sein, den Schwingungen des Schiffs und den Wetterlaunen des Atlantischen Ozeans ausgeliefert zu sein.

Das Frühstück an Bord mit klebrigem Porridge, bitterer Orangenmarmelade und alten Eiern mutete uns fremd an. Nur der Ceylontee und die knackigen Toastscheiben schmeckten wie zu Hause. Ab und zu bekamen wir von Mutter ein paar Münzen für englische Cakes und Coca Cola, die ich wie Schätze in die Kabine trug und beim Lesen des Romans „Vom Winde verweht" genussvoll verzehrte. Als wir uns der Äquatorlinie näherten, wurde es immer heißer. Da füllten ein paar Matrosen eine wasserdichte Unterlage aus Segeltuch mit Meerwasser auf, damit die Kinder darin planschen konnten.

Das Schiff legte in Santos und Rio an, was den Passagieren einen kurzen Besuch des Corcovado Gipfels mit der berühmten Christusstatue erlaubte. Zum ersten Mal begegneten wir schwarze Menschen, die uns bunt und laut vorkamen. Mutter hatte sich mit einigen Latinos an Bord angefreundet, sodass wir immer gruppenweise die Ausflüge in fremde Städte durchführten. Der Einzige von uns, der ihr Kummer machte, war Jason, der mitten in der Pubertät steckte. Er gesellte sich bei den Mahlzeiten zu anderen

Gästen und kam abends erst sehr spät in die Kabine zurück. Bis Mutter die Geduld verlor und ihm den Hintern versohlte. Das wirkte.

Inzwischen kreuzte das Schiff die imaginäre Äquatorlinie, ein Anlass für lustige Seetaufen unter den Kindern an Bord. Sie beschmierten sich gegenseitig mit Mehl oder Marmelade und hüpften mehr oder weniger freiwillig ins kühle Nass des improvisierten Wasserbeckens. Danach erhielten sie Taufscheine auf Namen wie Delfin, Hai oder Sardine, vom Kapitän persönlich besiegelt. Mein jüngerer Bruder Pepe und ich hielten nichts von diesen Narreteien und schauten gelangweilt zu. Jason lächelte verächtlich und verschwand in Gesellschaft einer dünnen, blassen Engländerin, die ihm angeblich Schach beibrachte. An einem lauen Abend erwischte ich die beiden an Deck eng umschlungen, tanzend zu den schmalzigen Songs von Frankie Lane. Tief verletzt verkroch ich mich in der Kabine und suchte Trost bei meiner Lieblingslektüre. Meine eigenen romantischen Fantasien beschränkten sich auf einen flüchtigen Blickaustausch mit jungen, blonden Matrosen, die sich durch die engen Flure des Schiffs zwangen.

Danach kam die langweiligste Seestrecke, die es zu überwinden galt. Zehn Tage ringsherum nur Wasser, eingeschlossen in einer Nussschale, als wären wir die letzten Überlebenden auf Erden. Eines Tages brach ein gewaltiger Sturm über uns herein, von hohem Wellengang begleitet. Der Speisesaal lag verwaist da, die meisten Passagiere wurden seekrank. Auch Pepe suchte Erholung an der frischen Luft auf dem Vorderdeck, wo wir uns häufig bei schönem Wetter aufhielten, um das Auf- und Abgleiten des

Schiffes fasziniert zu beobachten. Doch diesmal ging es richtig heftig zu. Plötzlich wurden wir von einer hohen, gischt gekrönten Welle erfasst und zu Boden geschleudert. Ein alter Mann neben uns stürzte und brach sich einen Arm. Wie durch ein Wunder blieben Pepe und ich unversehrt, waren aber klatschnass bis in die Haarspitzen! Mutter war so erleichtert, dass sie sogar darüber laut lachte.

Um die gute Stimmung an Bord wieder herzustellen, organisierte der Kapitän ein Kostümwettbewerb. Einzelne Paare sollten sich möglichst kreativ verkleiden und im Salon vorbeiziehen, damit das Publikum die originellsten Kostüme prämieren konnte. Mutter war sofort Feuer und Flamme. Sie improvisierte mit einfachen Mitteln, klebte hier ein Schnurrbart, schminkte dort ein Gesicht, und so tauchte ich als Pirat und Pepe etwas widerwillig als Kopftuchmädchen im voll besetzten Salon auf. Dort stellten wir entsetzt fest, dass wir die einzigen verkleideten Kinder waren. Bei der Schau gab es tolle Kopfbedeckungen und schillernde Fantasiekleider zu sehen, doch Pepe und ich marschierten mit gesenktem Blick und schämten uns für die Naivität unserer Mutter. Nach der Prämierung der Besten wurden wir überraschenderweise vom Kapitän auf die Bühne gebeten. Er lobte uns für unseren mutigen Einsatz und überreichte uns zwei silberne Löffel mit dem Namen des Schiffes am Griff eingraviert. Unter Applaus suchten wir unsere stolze Mutter auf. Danach wurde ausgiebig gefeiert. Mutter unterhielt sich und tanzte häufig mit einem englischen Marineoffizier, ein prächtiger Kerl in weißer Uniform mit goldenen Epauletten und indigoblau eingefasster Mütze. Ich gönnte ihr das Vergnügen, denn mein Vater war ein schlechter Tänzer und cholerisch obendrein.

Endlich steuerten wir durch die Elb-Kanaleinfahrt auf unseren Endziel Hamburg zu, flankiert und gelotst von kleineren Motorbooten. Je mehr wir uns dem Kai näherten, desto lauter hörte man die Töne der deutschen National-hymne. Nach Überquerung der Gangway durften wir end-lich von den alten Tanten, zwei behütete Damen mit Tränen in den Augen, umarmt werden. Wir warfen einen letzten Blick auf das verlassene Schiff, verabschiedeten uns im Geiste von unseren Latinofreunden, von der Engländerin, von erfundenen oder zart angedeuteten Liebesromanzen, und quetschten uns in das Taxi nach Neumünster, der Ort unserer künftigen Erziehung und Belehrung. Dort erwartete uns noch mancher Frust und Verbitterung, doch glück-licherweise ahnten wir noch nichts davon.

# SILVESTER IN PARIS

## (Aus dem Tagebuch einer Latina)

Meine erste Weihnacht in Europa verbrachte ich mutterseelenallein. Alles verlief ganz normal, ich war ruhig und ausgeglichen bis meine Weihnachtspost eintraf, und ich die herzlichen Glückwünsche meiner Lieben aus der fernen Heimat las. Da kullerte manche Träne, und die Einsamkeit legte sich wie ein Mantel über meine Schultern.

Die Silvesterreise nach Paris dagegen, war reich an Erlebnissen und hat mich für manches entschädigt. Wir waren zu dritt: Pina, meine quirlige Arbeitskollegin, ihre Freundin Eva, die mindestens genau so übermütig war, und ich, etwas älter und vernünftiger als die beiden. Zehn Stunden fuhren wir mit dem Bus, hielten kurz in Metz an und stiegen endlich in der Nähe des Place de la Republique aus. Unsere Unterkunft war mehr als bescheiden. Der uralte Aufzug sah aus wie ein freihängender Löwenkäfig, der sich ratternd und quietschend in die Höhe schleppte.

Noch am Abend unserer Ankunft stürzten wir uns ins Quartier Latin und schlenderten durch den Boulevard St. Germain, der von zahlreichen Touristen bevölkert war. Die kleinen Läden am Straßenrand boten leckere, typisch französische Imbisse an, wie belegte Baguettes, Käse Crepes, heiße Kastanien oder „Pommes d'Amour", die einfach nur karamellisierte Äpfel sind, aber die Franzosen verbinden ja alles mit Liebe. Pina und Eva brannten darauf, sich in ein Café hinter verglaste Schiebetüren zu setzen, um bei einem heißen Weinpunsch die flanierenden Menschen zu beobachten. Das Postkartenschreiben an die Familie war mehr oder weniger nur ein Vorwand. Plötzlich näherte sich ein junger Mann in dickem Pullover und Baskenmütze, offensichtlich ein Kunststudent und bot unseren Tischnachbarinnen an, sie zu porträtieren. Es handelte sich um zwei Französinnen um die Vierzig, gut angezogen, stark geschminkt und parfümiert, die während des Posierens unablässig mit dem Künstler flirteten. Als das Porträt der Einen fertig war, warf ich einen schnellen Blick darauf und stellte die Ähnlichkeit fest, aber auch die retuschierenden Striche, die Gesichtsfältchen und andere Makel verschwinden ließen. Ein schlauer Bursche, der entsprechend belohnt wurde!

Mit der Metro klappte die Rückkehr ins Hotel problemlos. Ich hatte für den nächsten Tag eine Besichtigungstour reserviert, daher musste ich früh ins Bett. Die Mädchen dagegen machten sich fein für die Disco. Mit Kultur hatten sie nichts am Hut, sie wollten nur fesche Männer aufreißen und ihren Spaß haben. Kaum hatte ich ein paar Stunden geschlafen, als ich ein eigenartiges Gefühl von Gefahr spürte. Im Nu war ich wach und sah, dass die Zimmertür einen Spalt offen stand. Pinas Abendtasche lag geöffnet auf dem Bett. Geldbörse und Schüssel fehlten. In panischer

Angst verließ ich den Raum und lief im Nachthemd den muffigen Flur entlang. Was war denn passiert?! Ich konnte es nicht verstehen und traute mich nicht, das Zimmer wieder zu betreten. Wenn ein Räuber im Bad oder unters Bett auf mich lauerte?

In diesem Moment traf ich meinen Retter. Ein französischer Hotelgast im gestreiften Pyjama war auf dem Weg zur Toilette im Flur. Als er mich wie ein Häufchen Elend auf dem Treppenabsatz sah, staunte er nicht schlecht. Meine Kenntnisse der französischen Sprache waren nicht überragend aber reichten, um ihm meine missliche Lage zu schildern. Prompt begleitete er mich ins Schlafzimmer, inspizierte jede Ecke und stellte fest, dass sich niemand in den Räumen aufhielt. Daraufhin klopfte er mir tröstend auf die Schulter, murmelte „soyez tranquille" und verschwand. Dann wurde mir plötzlich klar, dass die Mädchen kurz zurückgekommen sein mussten, während ich geschlafen hatte.

Und ich hatte recht. Bald danach trudelten sie auch ein, fröhlich und unbeschwert wie eh und je, bestätigten meine Annahme und reagierten mit Unverständnis auf meine Vorwürfe: „Wir haben doch nur Geld geholt, weil es uns ausgegangen war. Und die Tür haben wir fest verschlossen!" So fest wohl doch nicht.

Ich dämmerte dahin, bis der Wecker klingelte und eilte zu meiner Stadttour. Eine Auflistung aller Sehenswürdigkeiten von Paris wäre hier wohl fehl am Platz. Darum nur ein Bekenntnis meiner Bewunderung der perfekt symmetrisch angelegten Straßen und Bauten, der breiten Boulevards und antiken Monumente. Beim Schlendern mit den anderen durch die Champs-Elysées sog ich gierig die mondäne Atmosphäre ein. Prachtvolle Schaufenster, modischfeminin gekleidete Damen, die eine Parfümfahne hinter sich zogen, bezaubernde Cafés!

Ich weiß nicht, was mich mehr beeindruckte: die imposanten Brücken über die Seine, das Sacre Coeur, die Kirchenfenster von Notre Dame oder die Wasserspiele am Trocadero. Vor dem Anblick dieser berühmten Sehenswürdigkeiten wurde mir fast schwindelig. Doch die Zeit war zu knapp, um alles in Ruhe aufnehmen zu können. Deshalb schwor ich mir, im Frühling noch einmal nach Paris zu kommen.

Als wir den Louvre besuchten, geriet ich fast in Panik. Wer kann diese Anhäufung von Kunstwerken in einer Stunde besichtigen, geschweige genießen? Ich verlor schnell den Überblick und fand den Ausgang nicht mehr. Hektisch fragte ich auf Deutsch einen dicken, uniformierten Wächter, der wie ein Kriegsmarschall aussah, nach dem Weg hinaus. Er schüttelte verächtlich sein Haupt. Ich versuchte es auf Englisch --- gleiche Reaktion. Plötzlich erinnerte ich mich daran, wie es auf Französisch heißt. Da platzte es förmlich aus ihm heraus: Warum nicht gleich so!?

Zurück im Hotel erfuhr ich, dass sich die Mädchen in Montmartre herumtrieben, also beschloss ich, allein die nähere Umgebung zu erkunden. Alle Lebensmittelläden waren noch geöffnet und präsentierten ihre frische Ware direkt zur Straße hin, damit die Passanten sie beäugen, beschnüffeln und eventuell auch probieren sollten. Da hingen ganze Fische, ausgeweidete Feldhasen, Maishühner und blutige Schweinekeulen am Haken. Die Auslagen waren voll mit verschiedenen Käsesorten, Patés de fois, Quiches und allem, was der französische Gaumen zu schätzen weiß. Mich wunderte nur, dass die Ladenbesitzer offensichtlich keine Furcht vor hungrigen Streunern oder diebischen Katzen hatten, wie es in Südamerika der Fall gewesen wäre.

Auf dem Bürgersteig streiften mich im Vorbeigehen dunkelhäutige Passanten, Männer afrikanischer Herkunft, die mich neugierig musterten. Ein wenig nervös geworden, machte ich kehrt und fand folgende Nachricht von Pina und Eva vor: „Wir warten um 21 Uhr beim Taxistand am Odeonsplatz auf dich."

Ich zog meine besten Sachen an und nahm ein Taxi. Die Mädchen waren nicht allein, sie hatten zwei charmante Bürschchen an der Angel. Wir betraten eine Disco, die nur von fließenden Leuchtbildern an der Wand erhellt wurde. Mit einem Cuba Libre in der Hand beobachtete ich die Tänzer beim Go-Go Tanzen, bis ich dran war. Im Grunde war es genauso wie in meiner Stammdisco zu Hause. Nur, als der Gong Zwölf schlug, und alle sich aufeinander stürzten, sich umarmten und laut „Bonne Année!" schrien, wurde mir wieder bewusst, dass ich in Paris war.

Inzwischen strömten neue Gäste in die Disco, die Musik wurde mir zu grell und die Luft zu stickig. Claude schaffte es im Gewühl der Straße ein Taxi zu ergattern, dann verabschiedeten wir uns „à la francaise", das heißt, mit drei Küssen auf die Wangen. Ich war froh, dem Gejohle entkommen zu sein. Die Mädchen kamen erst im Morgengrauen zurück, als dicke Nebelschwaden sogar die Spitze des Eiffelturms verdeckten.

Im Bus Richtung Deutschland kicherten sie und prahlten ohne Unterlass über ihre Männereroberungen, während ich die lebendigen bunten Bilder von Paris noch einmal genüsslich vor meinem inneren Auge vorbeiziehen ließ.

## UNTER BLAUEM HIMMEL

Das Hotel war nur wenige Minuten vom Strand entfernt, dafür aber an einer verkehrsreichen Straße. Die üppige Gartenanlage vor dem Hoteleingang vermochte kaum den Autolärm zu dämpfen. Horst ärgerte sich darüber, wie auch über das verschmutzte Meerwasser, die in Öl triefenden Kartoffeln und die träge Gelassenheit der Kellner. Durch seine ständige Nörgelei wurden Ingrid die ersten Tage ihres gemeinsamen Urlaubs vermiest. Als er sich schließlich an alles Neue gewöhnt hatte, konnte sie endlich entspannt auf dem warmen Sand lesen oder vor sich hindösen.

„Ingrid, ich habe uns für einen Busausflug angemeldet. Also, lies nicht zu viel heute Abend, sonst kommst du morgen nicht aus den Federn!"

„Ist gut", antwortete sie leicht gereizt und wendete sich wieder der Lektüre des ‚Weißen Haies' zu. Das Buch strahlte eine morbide Faszination auf sie aus. Sie konnte sich nicht loseisen, obwohl sie wusste, dass es nicht die geeignete Lektüre für ihre schwachen Nerven war.

Am nächsten Morgen stiegen sie mit anderen Hotelgästen in den geräumigen Bus ein, der sie durch eine bergige Landschaft ins Landesinnere fuhr. Ihnen gegenüber saß ein junges, holländisches Ehepaar, das sich lebhaft unterhielt. Bei einer Kurve rutschte Ingrid das Buch vom Schoß und landete auf den Boden. Blitzschnell bückte sich der Nachbar und übergab es ihr lächelnd.

„Haben Sie auch den Film dazu gesehen?"

Ingrid verneinte und wurde somit willige Zuhörerin seiner ausführlichen Kommentare zu dem Film. Horst stieg in einer Gesprächslücke ein und führte die Rede auf sein Lieblingsthema, die Fotografie. Kaum hatten sie ihr Ziel erreicht, lief er begeistert auf die eng aneinandergereihten, weiß getünchten Dorfhäuser zu und knipste mit seiner Kamera wild herum. Um die Mittagszeit wurden sie vom Reiseführer in einen winzigen Laden geführt, wo man für wenig Geld frisches Landbrot und deftige Bauernwurst bekam. Zu diesem Imbiss tranken sie an der Theke einer kleinen *Bodega* einen kräftigen Rotwein. Ingrid genoss die Kühle des schattigen Weinkellers auf ihrer erhitzten Haut. Als sie früh am Abend zurückfuhren, herrschte eine heitere Atmosphäre im Bus. Bevor sie vor dem Hoteleingang ausstiegen, hatten die Holländer die beiden überredet, bei einer Bootsfahrt im Vollmond über das Meer mitzumachen. Ingrid willigte ein, hatte jedoch Bedenken.

„Horst, meinst du nicht auch, dass es gefährlich sein könnte? Vielleicht lauern nachts Haie im Wasser …"

„Aber Ingrid, im Mittelmeer gibt es doch keine Haie, du spinnst ja. Das kommt davon, wenn man ständig billige Schauerromane liest!"

Mit gemischten Gefühlen nahm sie an der nächtlichen Kahnpartie teil. Im silbrigen Glanz des Vollmondes erschien die Meeresfläche glatt und hell wie ein Spiegel, doch darunter schlichen geheimnisvolle Schatten umher, die Ingrid schaudern ließen. Krampfhaft hielt sie sich an der Sitzbank im schaukelnden Boot fest, während Horst vergnügt mit den Holländern plauderte. Plötzlich bemerkte er ihre Erstarrung und zog sie zärtlich zu sich. In seiner schützenden Wärme, den Blick auf den sternenübersäten Himmel gerichtet, vermochte sie die Schönheit dieser Stunde wahrzunehmen.

Die nächsten Tage verbrachten sie vorwiegend am Strand mit Jens und Ute, deren unkomplizierte Art sie beide schätzten. Als Horst in der Ferne ein Tretboot entdeckte, packte ihn die Lust, sich auf die hohe See zu begeben. Er wollte die bekannte Umgebung aus einer neuen Perspektive in Bildern festhalten. Ingrid war von der Idee nicht begeistert.

„Wer soll denn strampeln, während ich knipse? Komm, Liebling, wir bleiben doch nicht lange weg“, fügte er beruhigend hinzu.

Da es bald Mittag wurde, kaufte Ingrid einige Fischbrötchen von einem Strandverkäufer und packte alles in ihre Strandtasche ein. Den Holländern fröhlich winkend, entfernten sie sich langsam vom Ufer. Ein ganz neues Gefühl der Abgeschiedenheit überfiel sie auf offener See. Von leichten Wogen getragen, glitten sie über das tiefe Blau des Meeres hinweg. Horst überließ die Pedale seiner Partnerin und betätigte eifrig seine Kamera. Bald wurde sie vom Treten müde. Ermattet von der Sonne, ließen sie sich von einer frischen Brise hin- und hertreiben. Als sich der Hunger meldete, packte Horst die Fischbrötchen aus, doch schon beim ersten Biss schnitt er eine Grimasse.

„Pfui Teufel! Das schmeckt ja fies! Hier, probier mal!“

Ingrid nahm benommen das Brötchen entgegen. Es war versalzen und höllisch scharf. Ärgerlich warf sie es über Bord. Horst tat das gleiche mit den restlichen Brötchen.

Beide litten noch an den Folgen einer Darmverstimmung durch die ungewohnten Speisen. Als er wieder zu treten anfing, schreckte ihn ein entsetzter Schrei seiner Frau auf. Mit bleichem Gesicht und zitternder Hand deutete sie auf etwas in nächster Entfernung. Es war die schwarze aufblitzende Flosse eines Haies. Eine Sekunde lang war Horst wie gelähmt, dann setzten sich seine Beine erneut in Bewegung.

„Schrei um Hilfe, Ingrid, los!" zischte er mit verbissener Miene.

Gerade als Ute am entfernten Ufer ihren nassen Badeanzug abstreifen wollte, vernahm sie einen schwachen Hilferuf aus dem Wasser her. Sie und Jens reagierten sofort und alarmierten die Küstenwache. Es vergingen dennoch qualvolle Minuten bis Horst und Ingrid sicher an Bord des schnellen Bootes gehievt wurden. Mit rauer Stimme erzählte Horst den Vorfall, während Ute sich einer blassen Ingrid annahm.

Als sie sich am nächsten Tag alle wieder am Strand trafen, packte Ingrid ein neues Buch aus.

„Um welches gefährliche Raubtier handelt es sich denn jetzt?" fragte Jens augenzwinkernd.

„Oh, ganz harmlos – übrigens – ein Geschenk von Horst", sagte sie lächelnd, während sie auf das Deckblatt mit dem Titel „Lustige Katzengeschichten" zeigte.

# LAVENDELDUFT

Alles fing an mit der Suche nach einem braunen Poncho, um passend gekleidet bei dem argentinischen Folkloreabend in der Alten Oper zu erscheinen. Als Susan hektisch den Reißverschluss der Plastikhülle öffnete, wirbelte eine weiße Wolke heraus, die ihr den Atem verschlug. Sie schrie angeekelt von der Berührung mit Dutzenden benommenen Motten, die sich sofort durch die Wohnung verteilten. Markus, der zugeschaut hatte, holte aus der Hülle die Überreste eines stolzen, langen Ponchos aus dicker Wolle, der jetzt nussgroße Löcher aufwies. Dem Entsetzen wich eine Kanonade von Vorwürfen und Gejammer.

„Der schöne edle Poncho. Hast du ihn jemals gelüftet in den letzten zehn Jahren?"

„Aber … ich verstehe es nicht. Ich habe ihn doch mit frischen Lavendelsäckchen gepolstert. Wie konnten die Motten hineinkriechen? Diese verdammten Viecher, wie ich die hasse!"

Susan war empört. Markus bewegte mit dem Zeigefinger ein paar lila Klumpen.

„Der Lavendel scheint den Motten sogar geschmeckt zu haben, sie waren richtig gierig darauf", sagte sie kleinlaut und schaudernd. „Was machen wir jetzt?"

Markus, ihr praktisch veranlagter Mann war schon dabei, die Reste von der Mottenmahlzeit, zu entsorgen.

„Komm, mach dich fertig. Es hat keinen Sinn, weiter zu jammern!"

Trotz der schönen Gitarrenklänge und der melodiösen Zambas, die sie an diesem Abend zu Gehör bekamen, saß Susan unruhig auf ihrem Platz. Die Episode mit den Motten verfolgte und deprimierte sie bis tief in ihren Schlaf.

Am nächsten Tag schliefen sie, wie jeden Sonntag, etwas länger, frühstückten reichlich und begaben sich in Richtung Thermalbad, wo sie sich ungefähr eine Stunde im warmen Wasser aufhielten. Nach dem Baden überquerten sie den Park, wo Susan jeden Stein und jeden Busch kannte, um bei „ihrem" Italiener Mittag zu essen. Luigi wartete schon auf sie mit einem breit aufgesetzten Lächeln und die Menükarte in der Hand. Susan erwiderte das Lächeln etwas forciert. Sie aß zwar gerne italienische Gerichte, aber die ganze Palette von Penne, Ravioli, Spaghetti und Co., verteilt auf viele Jahre, stand ihr bis zum Halse. Abgesehen davon waren Pasta und Soßen nicht unerheblich schuld an den Ringen um Taille und Hüften. Bei dem Gedanken seufzte sie und bestellte einen Thunfischsalat. Markus schaute verwundert.

„Nur einen Salat? Du wirst bestimmt nicht satt davon!"

Susan hob leicht die Schultern und vertiefte sich in den Anblick der winzigen Lavendelblumen, garantiert unecht, die als Tischdekoration dienten. Das Sträußchen erinnerte sie an dem Vorfall vom Abend davor.

„Weißt du noch, Markus, was für ein herrlicher Anblick die lilafarbenen Lavendelfelder in der Provence uns geboten haben? Und wie köstlich sie gerochen haben?"

24

„Ja, natürlich", brummte er beim Würzen seines gemischten Salats.

„Erinnerst du dich an diese geheimnisvolle Herberge, in der ich nachts seltsame Geräusche gehört habe? --- Ich würde so gerne wieder die Gegend mit dem Auto bereisen, neue mittelalterliche Städte entdecken. Du nicht?"

Er schaute sie erstaunt an. „Hast du in unserem alten Fotoalbum geblättert?"

„Nein, es waren nur die schönen Erinnerungen an unsere Frankreichtour, die mir durch Poncho und Lavendel von gestern, wieder in den Kopf kamen. Jeden Tag ein neues Ziel, ein Abenteuer nach dem anderen …"

„So wie damals, als eine junge, hübsche Französin ohne Führerschein den Polo von hinten gerammt hat" …

„und sie sprach weder Deutsch noch Englisch, wir kein Französisch. Also mussten wir uns mit Händen und Füßen verständigen" …

„und weil es nirgendwo eine Unterkunft gab, landeten wir in einer kleinen ländlichen Schule!"

Stundenlang waren sie auf der Suche nach einem geeigneten Parkplatz für das ramponierte Auto und einer bescheidenen Logiermöglichkeit gewesen. Schließlich mussten sie sich doch an den grimmigen Bürgermeister des Ortes wenden, der erst Hilfe anbot, als die Französin am Telefon den Unfall bestätigte. Ein paar Matratzen wurden herangeschleppt, Wasser und Waschutensilien zur Verfügung gestellt. Vor der nächtlichen Kühle und den herannahenden lästigen Schnaken schützte die beiden der breite Wollponcho. Fest umarmt lauschten sie eine Weile noch dem Quaken der Frösche und dem Zirpen der Zikaden, familiäre, ländliche Geräusche, die im Lärm der Großstädte in Vergessenheit geraten waren. Der Vollmond schaute neugierig durch das Fenster des Klassenzimmers herein und die Sterne erschienen zum Greifen nahe, deren Anblick fast zu schön, um zu schlafen, doch die Müdigkeit forderte ihren Preis.

Am nächsten Morgen verabschiedeten sie sich herzlich vom hilfsbereiten Lehrer, den Besitzer der Matratzen, und suchten ein Café auf, um sich mit dem typisch französischen Frühstück (café-au-lait und Croissants) zu kräftigen. Es schmeckte ihnen ausgezeichnet!

„Ich gebe zu", sagte Susan, „dass wir bei unserer Autotour damals viele Risiken und Unbequemlichkeiten in Kauf nehmen mussten. Dafür aber erlebten wir den Charme des Unvorhergesehenen, das Abenteuer wartete auf uns nach jeder Wegbiegung und in den romantischen Herbergen lauerten oft Gespenster ..."

„Heute dagegen reisen wir als Pauschaltouristen, alles ist vorprogrammiert, es gibt keine Unwägbarkeiten und Verirrungen. Das alles erscheint dir auf die Dauer zu langweilig. Ist es das, was du mir durch die Blume sagen willst?"

„Moment mal, verstehe mich nicht falsch, Markus, ich habe nicht gesagt, dass wir unsere verstaubten Rucksäcke und Wanderstiefel aus dem Keller holen sollen. Dafür sind wir nicht mehr jung genug und sind auch zu bequem geworden.

Aber mit ein bisschen Fantasie könnten wir einige Neuerungen in unseren Alltag einführen und so die Routine durchbrechen. Meinst du nicht?"

„Zum Beispiel?" fragte er irritiert.

„Statt immer nur zum Thermalbad, könnten wir eine gemischte Sauna aufsuchen oder in einer Montgolfiere über den Taunus schweben oder zusammen einen Kochkurs besuchen, ein Wellness-Wochenende buchen oder eine Fahrt ins Blaue machen, irgendwo übernachten und mit einem Champagner-Frühstück geweckt werden. Gefallen dir diese Vorschläge?"

„Hm, sie klingen gut", antwortete Markus mit verträumtem Blick. Susan setzte noch einen darauf.

„Wir können mit einem raffinierten Abendessen und danach Tanz, in einem schicken Lokal anfangen ..."

„und in einer Striptease-Bar den Abend beschließen", komplettierte er den Satz verschmitzt.

„Wieso das?" fragte sie im gleichen Ton.

„Du hast recht. Warum nur Zuschauer sein, wenn man Zuschauer und Hauptakteur in einer Person sein kann!"

Beide schwiegen eine Weile und beschworen diese Bilder vor ihren Augen.

„Und wann gedenkst du diese ... Neuerungen in die Tat umzusetzen?", fragte er.

„Warum nicht gleich?" erwiderte sie herausfordernd.

Händchen haltend verließen sie das Restaurant. Der Ober winkte ihnen zum Abschied zu. Er ahnte nicht, dass er die beiden lange Zeit nicht sehen würde.

# WIENER CHARME

Der Geruch von Wacholder erinnerte sie an die Kaugummis, die sie so gern als Kind im Mund gewälzt und damit Luftblasen erzeugt hatte. So weckten die herb würzigen Dämpfe, die aus der Wanne stiegen, Erinnerungen an die Kindheit.

Bevor sie das heiße Wasser prüfte, mehr aus Gewohnheit als aus echter Neugier, trat sie nackt auf die Waage und kontrollierte ihr Körpergewicht. Es war stabil, eine Tatsache, die bei ihren moderaten Essgewohnheiten und geordnetem Lebensstil nicht verwunderlich war. Versonnen beobachtete sie eine Weile wie die blaue Wacholdertablette Blasen nach oben warf. Das Badesalz war ein Geburtstagsgeschenk von Eva gewesen, damit sie sich „verwöhnen" sollte. Heute, am Sonntag, war endlich Zeit dafür, nachdem sie die Abschlussprüfungen ihrer Schüler benotet hatte. Sie fühlte sich ausgelaugt und deprimiert. Woran lag das? Karen versuchte es vom wissenschaftlichen Standpunkt aus herauszufinden, schließlich war ihr Hauptfach Physik. Wie sah ihr momentanes Leben aus? Welche Eigenschaften wies es hinsichtlich Gewicht, Farbe, Temperatur aus? Gab es Katalysatoren?

Langsam ließ sie sich ins Wasser fallen und genoss die Wärme, das Prickeln auf der Haut, das Aroma des Wacholders. Sie schloss die Augen und versuchte sich wieder an ihrem Studienobjekt, ihrem aktuellem Leben: Dimension? Sperrig, quadratisch. Gewicht? Kompakt. Farbe? Mausgrau bis winterweiß. Temperatur? Sie erhob ihre Hand aus dem Wasser. Eiskalt. Katalysatoren? Ein paar gute Freundinnen. Und von den Kolleginnen nur eine, die vertrauenswürdig und lustig war: Eva. Jetzt wurde ihr klar, dass sie in Kürze Änderungen herbeiführen, die schulische Routine mit improvisierten Abstechern auflockern und das Grau in Grau gegen rosafarbene und grüne Farbnuancen austauschen musste. Die Luft um sie herum könnte mit neuen Kontakten und vielleicht einer Liebesillusion etwas wärmer werden. Sie beschloss, die bis jetzt theoretischen Reisepläne mit Eva in die Tat umzusetzen.

Eva stammte aus Cuba, ihre Haut war kaffeebraun, und wenn sie mit ihren ausladenden Hüften durch die Straße ging, pfiffen ihr die Männer nach, was sie als Kompliment auffasste. Sie war nach Europa gekommen, um ein pädagogisches Praktikum zu absolvieren, und nebenbei das Alte Kontinent zu bereisen. Karen fühlte sich sofort von ihrem überschäumenden Temperament und ihrer Lebensfreude angezogen, während Eva die neue Freundin um ihre Klugheit und Sprachgewandtheit beneidete. Hinzu kam, dass beide Spanisch sprachen und einen ausgeprägten Sinn für Humor hatten.

Über das Reiseziel war man sich schnell einig, es sollte Wien sein. Sie waren neugierig auf die geschichtsträchtige Stadt mit ihrem musikalischen Flair und ihrer Kaffeehaustradition, und nicht zuletzt erhofften sich die beiden Latinas, einen Hauch Romantik von Sissis damaliger Vermählung und Krönung erhaschen zu können. Doch schon bald folgten einige Enttäuschungen, die eher mit der Gegenwart verbunden waren. Die Donauwellen waren nicht blau, wie im berühmten Walzer behauptet, sondern flossen grau und träge dahin. Ihr kleines Hotelzimmer war eng, Bad und WC befanden sich zur allgemeinen Benutzung mit anderen Gästen im Flur. Eva ließ sich davon nicht entmutigen. Nach einer schnellen „Katzenwäsche" gingen sie auf Erkundungstour.

Aus einem etwas altmodischen Wienerwaldlokal vernahm man die nostalgischen Klänge einer Zigeunerkapelle. Neugierig traten beide ein und bestellten das Übliche: Brathähnchen mit Pommes. Eva entdeckte bald zwei junge, gut aussehende Männer slawischer Herkunft und begann mit ihnen zu flirten, indem sie die braunen Augen rollte und breit lächelte, so eindeutig, dass Karen vor Scham errötete. Vom Aussehen her war sie genau das Gegenteil von Eva: hellblondes kurzes Haar, blaue Augen, etwas mollig und unscheinbar. Bald saßen alle zusammen an einem Tisch und versuchten auf holprigem Deutsch ins Gespräch zu kommen.

Nikolai und Vladislav stammten aus Rumänien, sie arbeiteten als Automechaniker für eine VW-Filiale in Wien und wirkten sauber und bescheiden. Sie boten sich als private Stadtführer für den nächsten Tag an - für nach der offiziellen Tour. Die Freundinnen waren einverstanden und ließen sich von den beiden, neckend und lachend, bis zum Hotel begleiten.

Früh morgens startete die Stadtbesichtigung mit Besuch u.a. vom Stephansdom, Belvedere Palast, Kapuziner Gruft und Staatsoper. Leider durften sie nicht ins Lipizzaner Reitgelände, hatten aber die berühmten weißen Pferde durch ein Fenster erspäht. Danach trafen sie wieder die jungen Männer im Garten einer Gaststätte, wo man gemütlich unter uralten, schattigen Linden zu Mittag essen konnte. Karen fühlte sich leicht wie eine Feder, sie war nahezu euphorisch. Sie genoss die warme Sommerluft, die Klänge eines

Walzers und die versteckte Liebesbotschaft, die Vladislav ihr mit seinen smaragdgrünen Augen zuzwinkerte. Auch Eva war sichtlich von Nikolai angetan, von seinen slawischen Gesichtszügen und seinem klangvollem Lachen, wenn sie zur Walzermusik die Hüften schwingen ließ. Einer von ihnen schlug vor, eine Kutschfahrt durch die Altstadt zu unternehmen. Während Nikolai auf die repräsentativen Gebäude hinwies, schmiegte sich Vladislav eng an Karen und flüsterte ihr zärtliche Worte ins Ohr. Sie freute sich darüber, doch fürchtete zugleich, auf Dauer dieser Annäherung nicht standhalten zu können. Nikolai gab sich selbstsicherer und weniger impulsiv, zumindest noch zu diesem Zeitpunkt ihrer Bekanntschaft. Der hektische Abschied (sie hatten bereits eine Abendtour gebucht) rettete die beiden vor allzu problematischen, weiteren Kontakten.

Der Bus brachte sie durch enge Straßen hoch auf einen Hügel mit Panoramablick über die nächtliche Stadt. Wie ein Diadem aus Brillanten glitzerte Wien vor ihren Füßen. Ganz nah konnten die beiden das Riesenrad auf dem Prater erkennen.

„Na, was sagst du dazu?", kommentierte Eva den Ausflug mit strahlenden Augen.

„Sensationell!", erwiderte Karen.

„Und wie gefallen dir unsere rumänischen Verehrer? Gut aussehend, charmant, großzügig …"

„Da kann man nicht meckern!" bestätigte Karen, und hob ihr Glas Wein zum Prosten auf die geglückte Reise.

Am nächsten Tag stand Schönbrunn auf dem Plan, das österreichische Versailles. Sie spazierten durch die grünen Anlagen mit ihren blühenden Blumenrabatten, romantischen Marmorstatuen und um den riesigen dekorativen Brunnen, dem die sommerliche Residenz der Habsburger ihren Namen verdankt. Der Reiseführer zeigte ihnen auch die inneren Räumlichkeiten des Palasts, die je nach Gebrauch oder Stil bezeichnet wurden, z. B. das Porzellanzimmer, das Brokatzimmer, das Kinderzimmer. Die beiden Freundinnen verstanden nicht einmal die Hälfte der historischen Angaben und Berichte von Begebenheiten der Habsburger Donaumonarchie, spitzten aber sofort die Ohren, wenn der Name „Sissi" fiel. Der Ausflug wurde von einem deftigen Mittagessen mit böhmischen Spezialitäten gekrönt. Karen ließ Einiges auf dem Teller liegen, sie war sehr magenempfindlich. Eva dagegen genoss das Essen in vollen Zügen und verzichtete auch nicht auf die goldbraunen Quarkpfannkuchen.

„Hm, es schmeckt so lecker! Ich wünschte mir, solche Köstlichkeiten könnten wir in Cuba essen!" Karen lächelte verständnisvoll.

Am Abend trafen sie ihre Galane im Prater. Sie rochen stark nach Männerlotion und wirkten ungeduldig. Sofort wurden sie in die Karussells, Scooters und Go-Cars entführt und hatten viel Spaß damit, besonders Karen, die seit ihrer Kindheit nie wieder ein Vergnügungspark betreten hatte. Vladislav nutzte seine Chance auf der Geisterbahn, um Karen leidenschaftlich auf Mund und Hals zu küssen. Sie kletterten atemlos und errötet aus dem Waggon heraus.

Ein Café lud mit seinen Tischchen und bunten Sonnenschirmen zum Verweilen ein. Nikolai bestellte Kaffee und Apfelstrudel und plauderte amüsiert mit Eva, die begann, ihrer Freundin verstohlene Blicke zuzuwerfen. Karen ignorierte sie und machte sich ein Jux daraus, den verliebten Vladislav mit Apfelstrudel zu füttern. Sie spielte mit dem Feuer, und sie wusste es. Da es der letzte gemeinsame Abend war, schlug Nikolai vor, in eine Disco zu gehen.

Doch dort steigerte sich die Spannung zwischen den beiden Paaren noch mehr, und die soziokulturellen Unterschiede wurden deutlicher, als sich herausstellte, dass die Rumänen überhaupt nicht tanzen konnten. Deren Ziel war einzig und allein, im Dämmerlicht des Lokals die beiden Frauen für eine gemeinsame Liebesnacht vorzubereiten. Doch Eva und Karen ließen sich nicht überreden und verließen die Disco, dicht gefolgt von den frustrierten Männern. Schließlich landeten sie wieder in der Gaststätte, wo sie sich kennengelernt hatten. Wiederum war es Nikolai, der eine Runde Obstler und Bier bestellte. Das Geplänkel zog sich ein paar Stunden dahin. Gegen Mitternacht, als die Freundinnen sich immer noch weigerten, ihnen in die gemeinsame Wohnung zu folgen, holte Nikolai den Gastwirt und wollte, zum Entsetzen der anderen, Brathähnchen mit Pommes für alle bestellen.

„Er zieht ja alle Register", flüsterte Karen, „ist es Sturheit oder Verzweiflung?"

„Wie können wir sie loswerden, ohne sie zu beleidigen oder zu vergrämen?", flüsterte Eva zurück.

Spätestens in diesem Moment taten ihnen die Männer leid. Sie waren drei Tage lang von ihnen verköstigt worden, die Rechnung war jetzt fällig. Es handelte sich nicht um reiche Burschen, sondern um hart arbeitende junge Männer, die sie umworben hatten und die nun, aus ihrer Sicht, eine Belohnung dafür verdient hätten. Was tun? Karen und Eva lenkten die beiden mit harmlosem Geplauder ab und bezahlten die Zeche beim Wirt. Dann brachen sie gemeinsam auf. Vladislav, leicht betrunken, versuchte vor dem Hoteleingang zum letzten Mal Karen mit einer pathetischen Liebesoffensive zu überzeugen, indem er vor ihr niederkniete und seine Liebe beteuerte. Eva, die neben ihr stand, kämpfte ebenfalls mit allen Mitteln, um sich von Nikolai loszueisen. Das dauerte, bis die beiden Frauen mit vereinten Kräften durch das Tor des Hintereingangs hineinschlüpften und die Tür hinter sich zudrücken konnten. Eine ganze Weile noch hörten sie die flehenden Stimmen und Seufzer der beiden Männer, dann ihre sich langsam entfernenden Schritte. Die Freundinnen waren erleichtert und fielen erschöpft ins Bett.

In aller Frühe holte sie der Bus in Richtung Berlin ab. Sie waren hundemüde aber trotzdem lustig aufgelegt.

„Wie wirst du den Kollegen die blauen Flecken am Hals erklären?" fragte Eva listig.

„Nun … Wir könnten ihnen erzählen, dass es in Wien viele Fledermäuse gibt, die nachts durch das Fenster eindringen und ihren schlafenden Opfern am Hals beißen!"

„Hör zu, ich hab' eine viel bessere Idee: Da Wien nicht weit von Rumänien entfernt liegt, wimmelt es von geheimnisvollen, blassen Herren in schwarzer Kluft, die einsame Damen wie uns bezirzen wollen, um ihnen bei nächster Gelegenheit eine Blutprobe zu entnehmen! HA, HA, HA!"

Doch hinter den Scherzen und dem Gelächter der Beiden lauerte ein unbestimmtes Schuldgefühl, und auch ein stumpfer Schmerz des Verzichts. Sie trafen die jungen Männer nie wieder, und die Zeit ließ die Erinnerung verblassen. Nur eine Postkarte behielt Karen als Andenken, worauf Vladislav ein paar Herzchen gemalt und mit krakeliger Schrift geschrieben hatte: „Wann kommst du wieder nach Wien?"

# URLAUB FÜR HARTGESOTTENE

Kurz nachdem Blanca ihren Fünfzigsten mit großem Pomp gefeiert hatte, bemerkte ihr Mann Ramon, dass sich ihre Gewohnheiten und Rituale allmählich veränderten. Das Erste, was ihm auffiel, war, dass sie die Nägel im Naturlook trug.

„Lackierst du dir nicht mehr die Nägel?" fragte er verwundert.

„Nein, wofür?" antwortete sie herausfordernd und fügte hinzu: „Ich will nicht länger den Männern als sexuelles Objekt dienen."

Anfangs war er froh darüber, denn er hasste diesen dunkelroten Lack, der aussah wie geronnenes Blut. Allerdings war er gar nicht erfreut, als sie eines Abends mit geschorenem Schädel und nackten, abstehenden Ohren auftauchte. Dazu trug sie eine lange Tunika aus reiner Baumwolle ohne chemische Rückstände, wie sie betonte.

„Bist du es, Blanca? --- Ach, du grüne Neune! Wo sind deine blonden Locken geblieben? Du siehst sehr … maskulin aus."

Blanca ließ sich mit einem dicken Wälzer auf die Couch fallen und fing an, darin zu blättern, ohne seine Fragen zu beantworten. Das Buch, von einem Mode-Guru geschrieben, war der letzte Kauf an esoterischen Ratgebern und

Utensilien wie Räucherpfännchen, Aroma-Öle, Kristalle, Salzlampen, heilende Steine, usw. Dazu kam ein vollbepacktes Regal von Büchern, die sich u.a. mit Reinkarnation, Karma, Rückführung, Meditation und Selbstfindung beschäftigten. Immer häufiger, wenn Ramon müde und hungrig von der Arbeit nach Hause kam, fand er im halb leeren Kühlschrank nur Joghurt, Mineralwasser und Sojaprodukte, die er für absolut ungenießbar hielt. Dann machte er sofort kehrt und verabredete sich mit seinem alten Freund aus Kindertagen in der Kneipe um die Ecke. Dort konnte er wenigstens seinen Hunger mit Wurst und Bratkartoffeln stillen und bei seinem Kumpel Trost finden.

„Nimm es nicht so schwer, mein Freund. Es sind die Wechseljahre, das geht vorüber. Allerdings muss man als Partner sehr geduldig sein."

Ramon nickte und kippte ein Korn nach den anderen in sich hinein. Jedoch platzte ihm gehörig der Kragen, als er heimkam und die leeren Regale entdeckte, wo seine geliebte Modellautokollektion gestanden hatte. Blanca erklärte unerschütterlich, sie habe die Miniautos zugunsten einer Benefizgala ihres Klubs gespendet.

„Wer gibt dir das Recht, meine Besitztümer ohne meine Erlaubnis zu verschenken?" fragte er, rot im Gesicht wie eine Chilischote.

„Diese Objekte sind völlig entbehrlich und nehmen nur Platz im Wohnzimmer weg. Obendrein sind sie zu hoch versichert. Das ersparte Geld kannst du lieber für die Armen in der Dritten Welt spenden", behauptete Blanca.

Ramon blieb die Spucke weg angesichts solcher fundierten, moralisch einwandfreien Argumente seiner Frau. Blanca setzte noch einen drauf.

„Es ist an der Zeit, sich von Besitzgier und Egoismus freizumachen, auch wenn es anfangs wehtut. Du wirst sehen, ohne den materiellen Ballast, der auf uns lastet, werden wir leicht und locker die geistigen Höhen des Seins erklimmen können."

Ramon gab sich geschlagen. Zum Zeichen der Versöhnung war er bereit, dieses eine Mal, bei Kerzenlicht den Quarkauflauf mit Petersiliensoße, Obstsaft und Honigplätzchen mit seiner Frau zu teilen.

Der einzige Trost bei der Sache war finanzieller Art, denn dadurch, dass Blanca viel Wasser, Strom und Energie in Küche und Bad sparte, reduzierten sich die Haushaltsrechnungen auf ein Minimum. Auch die vielen Einkäufe über Weihnachten kombiniert mit Verpackungsmüll und die langen Schlangen samstags vor der Kasse im Supermarkt erübrigten sich. Das Leben vereinfachte sich zweifellos, wenn man den tausendfachen Verlockungen des Marktes widerstand.

Doch es gab etwas, worauf Ramon auf keinen Fall verzichten wollte: seinen Jahresurlaub. Seit Monaten träumte er von einem luxuriösen Strandhotel, wo er endlich bis zum Rande volle Wannenbäder, Grillfleisch in Hülle und Fülle und alle Köstlichkeiten der mediterranen Küche genießen könnte. Auch würde er endlich seine gesamte Garderobe an den Waschservice des Hotels abgeben und abends bei elektrischem Licht in seinem Krimi schmökern. Doch er hatte sich zu früh gefreut, und die Rechnung ohne den Wirt, also Blanca, gemacht.

„Wie kommst du auf die Idee, bei dem katastrophalen Zustand der Welt, einen Otto-Normal-Verbraucher-Urlaub buchen zu wollen? Die einzig richtige Alternative ist natürlich Ökotourismus!"

Grausame Bilder stiegen vor Ramons innerem Auge auf. Er und Blanca sollten als Volontäre in einer Notaufnahmestation für erdölverschmierte Vögel, als Greenpeace-Aktivisten auf einem schwankenden Boot in der Arktis oder im afrikanischen Dschungel als Wildhüter gegen Banditen kämpfen zu müssen.

Eines Abends kam Blanca begeistert aus ihrem Yoga-Kurs zurück. Sie hielt Ramon einen Handzettel vor die Nase mit folgendem Inhalt:

Möchten Sie wissen, inwieweit Sie über außerordentliche physische und psychische Kräfte verfügen?

Möchten Sie für eine bevorstehende weltweite ökologische Katastrophe vorbereitet sein?

Möchten Sie trainiert werden, um das Leben danach optimal zu überleben?

Wenn Sie alle drei Fragen mit einem deutlichen JA beantworten, dann gehören Sie zu uns! Melden Sie sich unter der Devise „Urlaub für Hartgesottene." Sie werden es nicht bereuen!

Blanca ließ ihm keine Zeit zum Überlegen, sie reservierte sofort zwei Plätze. Bald danach saßen sie im Flieger, in einer ramponierten Kleinmaschine, zusammen mit einem Dutzend anderer wagemutiger Passagiere und flogen in Richtung Karibisches Meer. Im Gepäck war nur das Allernötigste, wie vorher vom Gruppenleiter angeordnet: 1 Jeanshose, 3 T-Shirts, Mütze und Stiefel im Military-Look, Schlafsack, Insektenschutz, Kerzen und Streichhölzer, Kompass, Seife und Wundpflaster, ein Fleischmesser, ein Lasso und eine Machete. Ramon schauderte bei dem bloßen Gedanken, sich gegen wilde Tiere oder sogar Kannibalen verteidigen zu müssen. Blanca dagegen verhielt sich ruhig und ausgeglichen. Womöglich fühlte sie sich sicher und beschützt als einzige Frau unter vielen Machos, obwohl sie das nie zugegeben hätte.

Nach vielen Stunden turbulenter Flugzeit landeten sie auf einer primitiven Piste mitten im Dschungel. Sofort wurden Pfähle in die Erde gerammt und ein gemeinsames Zelt errichtet, in dem sie die nächsten zwei Wochen logieren sollten. Der Koch (einer muss sich immer opfern) wärmte die Bohnen aus der Dose und kochte Kaffee. Danach fielen alle erschöpft in ihre Schlafsäcke.

Um sechs Uhr früh wurden sie zum Morgenappell geweckt. Während sie den bitteren Kaffee schlürften, erläuterte der Gruppenleiter die schwierige Aufgabe, die sie an dem Tag zu bewältigen hatten. Sie mussten sich mithilfe der Machete einen Pfad durch den Dschungel bis zum Fluss bahnen und dort mit bloßen Händen einen essbaren Fisch fangen, ehe die Piranhas Fisch und Hände zerfetzten. Als Belohnung durfte man den Fisch auf heißen Steinen braten und essen, so wie es unsere Vorfahren taten. Derjenige, der es schaffte, als Zusatzaufgabe einen Puma einzufangen oder eine Klapperschlange zu köpfen, konnte mit einem Spezialbonus am Ende des Trainings rechnen.

Die Mitstreiter stürzten sich auf ihre erste Aufgabe voller Energie und Optimismus. Nur Ramon zitterte trotz tropischer Hitze bei der Vorstellung, einem hungrigen Puma oder einer zischenden Schlange zu begegnen, und hegte auch keine Hoffnung, den Piranhas einen Fisch abluchsen zu können. Mit Blanca durfte er nicht zählen, da jeder Kandidat auf sich selbst gestellt war. Er könnte vielleicht wilde Beeren pflücken und damit den Magen bis zum Abend täuschen. Etwa eine Stunde lang schlug Ramon mit der Machete eine Schneise durch riesige Farne, bis er, von lästigen Schnaken umschwärmt, das Rauschen von Wasser vernahm. Etwas später entdeckte er im Dickicht eine armselige Hütte und daneben eine alte Indianerin mit einer Haut wie Pergament, die Kräuter sammelte. Auf einer offenen Feuerstelle schmorte etwas Leckeres im Topf. Ramon lächelte sie gewinnend an und versuchte, ins Gespräch zu kommen. Doch erst als sie seine Goldkette am Hals baumeln sah, und er bereit war, das Juwel gegen Essen einzutauschen, gab sie ihm eine gute Portion vom Eintopf, auf einem Bananenblatt serviert, dazu einen Becher Kräutertee. Danach legte er sich in eine Hängematte und schlief ein.

Als er aufwachte, war es bereits dunkel. Er bedankte sich mit Gesten bei der Alten und kehrte auf demselben Wege zurück ins Camp. Dort erfuhr er zufrieden, wie die anderen ihre missglückten Erlebnisse schilderten und sich mit knurrendem Magen um die letzten Bohnen stritten. Auch Blanca war erfolglos gewesen und dankbar für eine Dose Sardinen, die er im Tornister versteckt hatte. Sein eigenes

Tagespensum malte er mit heroischen Farben aus und erwähnte mit keinem Wort seine indianische Retterin.

Die Aufgabe für den nächsten Tag bestand darin, einen Hügel zu erklimmen, dort einen Hirsch zu erlegen und auszuweiden, das Fleisch in gewohnter Manier zu braten und zu essen. Als Tatbeweis sollte man die Hörner des Tieres und verschiedene einheimische Kräuter mitbringen. Während Ramon den alten Pfad durchschritt, zerbrach er sich den Kopf, wie er in den Besitz solcher Hörner kommen könnte. Diesmal war die Indianerin von seiner nagelneuen Rolex Uhr begeistert und ließ sich nicht davon abhalten, mit dem Mechanismus zu spielen. Nur nach dem Anblick von ein paar überdimensionalen Hirschhörnern an der Hüttenwand gab er nach. Die Kräutersammlung im Korb bekam er gratis dazu. Beruhigt teilte Ramon das Essen mit der Alten und hatte großen Spaß beim Zusehen, als Kapuzineräffchen von Baum zu Baum sprangen, schrill schrien und sich gegenseitig Streiche spielten.

Abends kehrte er ins Camp zurück in der Pose eines Siegers mit seinen Beweisstücken, hängend über die Schultern. Blanca dagegen sah blass und erschöpft aus. Sie hatte sich beim Klettern den Knöchel verstaucht. Was das Essen betraf, musste sie ihren Ekel überwinden und sich mit zwei gebratenen Heuschrecken begnügen. Voller Bewunderung schaute sie ihn an, als wäre er der neue Indiana Jones oder Conan, der Barbar. Ein Blick, der Ramons Brust schwellen ließ. Jedoch bei der Aufgabenerläuterung am dritten Tag schrumpfte sie wieder zu normaler Größe.

Diesmal sollten die Männer (Blanca wurde aufgrund ihrer Verletzung davon befreit) den Fluss überqueren, mithilfe einer lebenden Beute, die ihnen Piranhas und Kaimane fern vom Halse hielt. Am anderen Ufer sollten sie Ausschau nach dem legendären Grünkopfadler halten, der sein Nest hoch oben auf dem Gipfel von uralten Platanen baute. Wer das Nest fand und unverletzt drei Adlereier stibitzte, sie dann im Rucksack unversehrt ins Camp brachte, würde eine Medaille für seine Heldentat bekommen und mit einem Gratisaufenthalt auf Jamaika belohnt werden. Ramons Stimmung fiel ins Bodenlose. Auch nicht mit einer überbordenden Fantasie konnte er sich die Indianerin vorstellen, wie sie ihre Hühner den Piranhas opferte und auf einen wütenden Adler mit Stöcken einschlug. Trotzdem, es war Ehrensache für ihn und seine Partnerin zu kämpfen und das Unmögliche zu ermöglichen.

Er ging den alten Pfad und fand die alte Frau am Flussufer beim Wäschewaschen. Um sich ihr verständlich zu machen, hob er die Arme und imitierte den Flug eines großen Raubvogels. Sie beobachtete ihn interessiert. Dann bog er dreimal die Finger in Form eines Eis. Die Alte nickte und zeigte auf seinen Ehering, er verneinte energisch und bot ihr andere Schätze aus seinen Hosentaschen an, doch sie ließ sich nicht beirren. Schließlich gab er nach. Sie schrie vor Freude und steckte den Ring sofort ein. Dann riss sie ihm die Mütze vom Kopf, nahm ihn an der Hand und schleppte ihn durch verschlungene Pfade bis zu einer Hängebrücke, die zwei Hügel verband. Sie gab ihm Zeichen, zu warten und verschwand hinter der Anhöhe.

Mehrere Stunden vergingen und nichts passierte. ‚Wenn die Alte vor der Dunkelheit nicht zurückkommt‘, dachte er, ‚bin ich endgültig gescheitert und meine Ehe ist am Ende‘. Blanca würde ihn als Versager abstempeln und verachten.

Dies war seine letzte Chance, ihren Respekt und ihre Liebe wiederzugewinnen. Endlich näherten sich zwei Schatten, ein langer dürrer und ein kleiner kräftiger. Es waren die Indianerin und ein Junge, der seine Mütze vorsichtig in den Händen trug. Hocherfreut bedankte sich Ramon bei den beiden, schenkte dem Enkel sein Feuerzeug und eilte mit seinem Schatz, die drei Adlereier, von dannen. Im Camp warteten die wenigen Mitstreiter, die das Abenteuer überlebt hatten und auch Blanca, die ihn stolz und sehnsüchtig empfing. Der Gruppenleiter beglückwünschte ihn und über-reichte Medaille und Gutschein für die Jamaikareise. Von den anderen erntete er neidische Blicke, doch das war ihm jetzt egal. Als Blanca den Ehering an seiner linken Hand vermisste, waren sie schon richtig braun von der tropischen Sonne Jamaikas, und der Urlaub hatte sich als zweite Flitterwochen entpuppt.

# DAS FELSENPORTAL VON ANTOFAGASTA

Da stand ich also wieder, nach zehn Jahren, an der gleichen Stelle, der Stelle mit dem herrlichen Ausblick auf ein Naturphänomen, dem riesigen, von Brandung und Gezeiten geschaffenen Felsentor. Links und rechts die steilen Küstenabhänge aus Sand und Muschelkalk, die sich kilometerlang in Sichtweite erstreckten. Und hier eine runde, weiß gestrichene Terrasse, hoch über dem Meeresspiegel, die einen wunderbaren Blick auf die gesamte Küstenlandschaft und das Innere der gelben Wüste Atacamas erlaubte.

Nachdem der Taxifahrer Bilder von uns geknipst hatte, stiegen wir die steinernen Treppen hinab. Diese führten über Felsspalten, wo die Gischt weiße Flecken hinterließ. Während Klaus die geheimnisvollen Höhlen an der Felsenwand inspizierte, setzte ich mich auf den feinen, warmen Sand und beobachtete das ewige Spiel der Wellen. Ein Vogel mit langen Beinen und spitzem Schnabel pickte nach Wasserflöhen im nassen Sand. Ich musste unwillkürlich an unsere magere Kost von damals denken, als meine Mutter und ich zum ersten Mal diesen Strand aufgesucht hatten.

Es war einer dieser Unglückstage gewesen, an denen sich alles gegen einem verschworen hat. Die meisten Hotels und Pensionen in der nordchilenischen Stadt Antofagasta waren aufgrund des Besuches eines Staatsoberhaupts mit zahlreichen Staatsgästen belegt, daher mussten wir uns mit einem drittklassigen Pensionszimmer zufriedengeben. Nachdem wir die ausgedehnte Küstenstadt zu Fuß durchforscht hatten, entschieden wir, demnächst die Füße zu schonen, und buchten eine Busreise ins Landesinnere. Am Abend davor gingen wir früh ins Bett, um rechtzeitig an der Bushaltestelle zu sein. Aber anstelle von friedlichen Schäfchen, die uns in den Schlaf einschlummern sollten, wurden wir von tückischen Bettflöhen die ganze Nacht wachgehalten. Ich kratzte mich verzweifelt, doch die Biester ließen nicht los. Hinzu kamen der tobende Verkehrslärm von der Straße her und die Klingeltöne von suchenden Logiergästen. Als wir erschöpft den Kampf gegen das Ungeziefer aufgegeben hatten und halbwegs eingeschlafen waren, fingen die Wände plötzlich an zu beben, immer stärker, bis die ganze Bude wackelte. Wir schrien und beteten, bis der Erdstoß vorbei war, und legten uns nunmehr wachgeschüttelt auf die Betten. Ein paar Mal im Laufe dieser unseligen Nacht schreckte meine Mutter hoch in der Annahme, es sei Zeit zum Aufstehen. Schließlich haben wir dann doch verschlafen. Als ich meine Kontaktlinse mit zitternden Händen auftragen wollte, fiel sie zu Boden und war spurlos verschwunden. Auf allen Vieren suchten wir sie zwischen den Holzritzen und beteten ununterbrochen zu der Heiligen Gemita, Schutzpatronin in hoffnungslosen Angelegenheiten. Unter dem Nachttisch, o Wunder, fand ich schließlich die verlorene Linse.

Mit neuem Optimismus rannten wir zur Straße, da schrie meine Mutter: „Die Fahrkarten fehlen!", also kehrten wir, inzwischen völlig aufgelöst, ins Zimmer zurück. Als wir endlich mit den Karten am Busbahnhof ankamen, war der Bus schon lange abgefahren. Am liebsten hätte ich laut losgeheult. Zunächst stärkten wir uns bei einem starken Kaffee in einem Bistro und ließen uns von dem Kellner über andere Sehenswürdigkeiten beraten. Dabei fiel das Zauberwort „La

Portada", also das Felsenportal vor der Küste. Angeblich starteten Busse in jene Richtung am Marktplatz. In der Markthalle kauften wir ein Kilo appetitlicher Birnen als Proviant. Der Bus durchfuhr die belebten Straßen der Innenstadt, dann die ärmeren Viertel am Stadtrand, aber vom Meer war noch nichts zu sehen. Allmählich leerte sich der Bus, und schließlich waren Mutter und ich die einzigen ausharrenden Fahrgäste, als der Fahrer abrupt vor der Grenze zu einem Elendsviertel anhielt. „Endstation! Aussteigen!" hieß es jetzt zu unserem unendlichen Erstaunen. Weit und breit war kein Meer zu sehen, geschweige ein Felsentor mitten in der Bucht. Als ich mich danach beim Fahrer erkundigte, erklärte er uns leicht verdrossen, das hier sei die Siedlung La Portada, der Felsen befinde sich dreißig Kilometer weiter und wäre nur mit der Taxe erreichbar. Da standen wir nun, ratlos und enttäuscht. Aber ich war fest entschlossen, nicht aufzugeben, und so beschritten wir einen sandigen Weg durch die Siedlung bis zur vertrauten Panamericana Straße, wo im Hintergrund das Meer zu erkennen war.

Lange mussten wir auf ein Taxi warten, das so alt und klapprig aussah, dass meine Mutter ihre Bedenken anmeldete. Ich überhörte sie und wir stiegen mit klopfenden Herzen in die Karre. Eine Stunde waren wir unterwegs, doch der Einsatz hatte sich gelohnt. Der großartige Ausblick von der Aussichtsplattform und die sonnigen Stunden am bizarren Strand waren es wert gewesen. Unser Mittagessen bestand allerdings nur aus Birnen, da kein Imbiss vorhanden war. Leicht gebräunt und zufrieden traten wir den Heimweg an und teilten uns die Taxikosten mit zwei anderen zufällig dazugekommenen Touristen.

Das war vor zehn Jahren gewesen. Diesmal aber war ich in Begleitung meines Verlobten aus Europa kommend gut ausgerüstet und finanziell abgesichert. Wir brannten darauf, die eingefangene Pracht des Ortes auf der Leinwand später in Deutschland unseren Freunden zeigen zu können.

O herrliches Portada! Wie gerne wären wir tagelang dort geblieben, hätten in deinen Höhlen gehaust, uns vom Fischfang ernährt, lange mit Möwen und Kormoranen Gespräche geführt und wären gerne unter dem Rauschen der wilden Brandung eingeschlummert …

# EIDECHSEN UND SPATZEN

Sie saß halb ausgestreckt in der Nähe des Hotelschwimm-
bads auf einem Sonnenstuhl im Schatten, hatte einen Beutel
Eis auf ihren geschwollenen Fußknöchel gelegt und beobachtete die vielen Gäste aus aller Welt, die ihre weiße
Haut gierig der ägäischen Sonne entgegenstreckten oder mit
sportlichem Elan ihre Schwimmrunden absolvierten. Die
blaue Oberfläche des Bassins entspannte ihre vom Lesen
müde gewordenen Augen. Wie froh war sie hier zu sitzen,
während andere Ausflügler sich aufmachten, hinter dem
Reiseleiter mühselig den Dorfbiegungen zu folgen und an-
schließend in der Mittagshitze über steile Berghänge zu
klettern! Das Bedauern der anderen konnte ihr gestohlen
bleiben, sie schwieg sogar als Henry, ihr Ehemann, sie be-
mitleidete.

„Ach, Darling, welch ein Pech! Gerade jetzt musstest du dir
den Knöchel verstauchen. Man sagt, dort oben am Rande
der „Caldera", habe man einen sagenhaften Ausblick auf die
Nachbarinseln. Nun gut, ruhe dich aus. Zum Abendessen
sind wir zurück." Er küsste sie auf die Wange und folgte den
anderen. Wie immer war er für diese Art von Wandern mit
sicherem Schuhwerk, leichtem Rucksack, Wasserflasche,
Kompass und Baseballmütze bestens ausgerüstet. Er ver-
fügte über eine ganze Kollektion in allen Farbnuancen.

Betty schloss die Augen und ließ sich von den
orientalischen Klängen aus der hoteleigenen Bar einlullen.
Sie sah sich selbst als schillernde Odaliske beim Bauchtanz,
während Dutzende gieriger Männeraugen ihre Hüft-

schwingungen verfolgten. Ihre Träumerei wurde abrupt vom Gedröhne eines Fluggeschwaders unterbrochen. Wie lästig! Sie nahm sich vor, alle Mängel für spätere Reklamationen schriftlich festzuhalten. Ein Formular dafür hatten sie gleich beim Empfangscocktail von ihrem Reiseleiter erhalten, ein dicker, unsympathischer Archäologieprofessor aus Athen, der aber auch gar nichts mit ihrem Idealbild eines Griechen à la Zorbas zu tun hatte. Die unregelmäßigen Dampfausstöße einer Kaffeemaschine drangen zu ihr zusammen mit dem köstlichen Aroma des Kaffees. Ohne zu zögern, winkte sie den Barmann heran. Er erinnerte sie an die prächtigen Konturen von Athleten auf den Tonamphoren, die sie kurz davor im Lokalmuseum bewundert hatte.

„Ein Cappuccino, paracalo" bestellte sie kokett beim Ober.

„Poli efgaristos", erwiderte Alexis und beugte sich leicht vor, sodass die Goldkette auf seiner gebräunten Brust baumelte und Lichtreflexe warf. Das ist ein wahrer Macho, dachte sie, nicht wie die mickrigen, stumpfsinnigen Exemplare in der Gruppe. Die Frauen waren dort in der Überzahl, meist um die Fünfzig, unattraktiv und alleinstehend. Sie konnten beim stundenlangen Wandern über Stock und Stein eine ungeheure Energie entwickeln, gelangten auf die Bergspitzen außer Atem und schweißgebadet, stolz den Höhepunkt, wenn nicht ihrer erotischen Träume, so doch ihrer sportlichen Leistung erreicht zu haben. Nebenbei erregten sie Neid bei den schwächeren, untrainierten Teilnehmern, die mit gequälter Miene schon früher aufgaben. Unter den Letzteren befand sich stets Betty. Sie hasste den triumphierenden Blick der Sieger, die oben in der Taverne die besten Plätze bereits belegt hatten, wenn sie als Letzte dazukam. Henry hatte sie dann natürlich wieder einmal „vergessen" und saß einer jungen blonden Frau mit engen Jeans und großzügigem Dekolleté gegenüber. Neulich hieß sie Priss oder Sissy, ein Name, der genau zu ihrer dümmlichen Art passte. Man konnte sie zweifellos in die Kategorie der „Spatzen" einstufen, denn man hörte ihr schrilles Kichern überall. Betty erkannte sofort, dass sie es auf Henry abgesehen hatte, doch sie war nicht eifersüchtig. Dafür kannte sie ihn zu gut. Er liebte das Spiel mit dem Feuer, doch für Weiteres fehlte ihm der Mumm. Außerdem hatte seine frühere Attraktivität manches eingebüßt. Er trug falsche Zähne und verlor von Tag zu Tag mehr Kopfhaare. Auch sein Charakter hatte sich negativ verändert. Natürlich hätte eine prall gefüllte Geldbörse das alles wettgemacht, aber Henry war nicht reich.

„Noch ein Cappuccino, Madame?" Sie verneinte und vergrub ihr Gesicht hinter den Blättern des Romans. Ein Spatz überflog das Bassin, pausierte kurz auf dem Bougainvilleabusch und ließ sich dann bei ihr auf dem Tischchen nieder, um Krümel zu picken. Ja, diese Sissy war einfach nur ein „Spatz", der die Kirschen von Nachbars Garten stehlen wollte. Aber sie übersah, dass der Kirschbaum IHR gehörte, er war in ihrem Garten verwurzelt, und nur ein wütender Orkan konnte ihn zu Boden stürzen.

Bei den anderen „Spatzen" der Gruppe handelte es sich um harmlose Exemplare, die oft und gerne schwatzten. Außer wenn sie ihr Wanderziel vor Augen hatten. Dann wurden sie zu schweigsamen, erbitterten Rivalinnen. Betty hatte zu Helga, einer von ihnen, Vertrauen gefasst, denn es stellte sich heraus, dass beide Tiere leidenschaftlich liebten und schützen wollten.

Inzwischen wurde es frisch-windig, der blaue ägäische Himmel verzog sich hinter grauen Wolken. Die Sonnenanbeter verließen nach und nach das Schwimmbad. Auch Betty musste ihren Lieblingsplatz neben der Bougainvillea humpelnd verlassen. Im Zimmer zog sie sich wärmer an und packte die „Beute" vom Frühstücksbuffet in ihren Strandbeutel, für den Fall, dass hungrige Katzen oder streunende Hunde ihren Weg kreuzen sollten. Das gehörte zur Kampagne, die sie mit Helga beschlossen hatte, nämlich, den armen Tieren auf der Insel zumindest für die Dauer ihres Aufenthalts zu helfen. Die Einheimischen ignorierten die Tiere und ihre Bedürfnisse, sie waren zu sehr damit beschäftigt, ihre Portemonnaies mit den Devisen der Touristen zu füllen, bevor die Saison zu Ende ging.

Betty suchte sich die windgeschützte Ecke einer Taverne aus und bestellte gefüllte Auberginen und ein Bier. Bald schlich sich eine dreifarbige „Glückskatze" heran und wartete geduldig auf ein Brocken aus ihrem Teller. Danach rollte sie sich zu einem Knäuel auf einem blauen Holzstuhl zusammen. Es waren so anmutige Tiere und verlangten so wenig von uns Menschen! RATATATA! Das Getöse eines Mopedfahrers ließ sie aufspringen und scheuchte die Katze weg. Malaka! Sie schimpfte auf Griechisch und bedauerte, dass die geschäftstüchtigen Einheimischen diese lärmenden Vehikel an fußfaule Touristen vermieteten. Damit war die Ruhe weg, und eine von Abgasen geschwängerte Luft blieb zurück.

Sie verließ das Lokal und suchte die verborgene Sonnenwärme im Sand am Ufer. Ein Streuner kam vorbei und beschnüffelte die schwarzen vulkanischen Steine. Betty überließ ihm zwei Scheiben Salami, auf die er sich gierig stürzte.

Dann bettelte er sie mit flehenden Blicken weiter an. Sie streichelte seinen rauen Pelz und murmelte ihm Trost zu. Wenn Helga liegende, verdurstende Hunde auf dem Trottoir vorfand, eilte sie mit der Wasserflasche und benetzte ihre trockenen Mäuler, bis sie wieder Lebenszeichen von sich gaben. Zehn Jahre hatte sie ihren eigenen Collie wie ein Kind verwöhnt. Als er an Altersschwäche starb, fühlte sie sich außerstande ihn zu beerdigen. Die Urne mit seiner Asche erhielt einen Ehrenplatz auf dem Kaminsims. Davon hatte sie Betty in den Wanderpausen erzählt, während Henry eine Karaffe Wein mit dem Reiseleiter teilte oder der oberflächigen Sissy seine Anekdoten zum Besten gab. Helga gehörte auch zu der Kategorie „Spatz", doch sie war ein herzlicher, einfühlsamer Mensch. Und wie schätzte sie sich selber ein?

Kurz vor dem Unfall hatte die gesamte Gruppe eine antike Stätte auf einem Hügel besichtigt, die von vielen Erdstößen und vulkanischen Ausbrüchen nach und nach zerstört worden war. Betty lief vorsichtig auf schmalen Pfaden, die von geköpften Marmorsäulen, zerstörten Pfeilern und Ruß gefärbten Felsen flankiert wurden. Ihre Schritte verscheuchten die vielen schillernden Eidechsen, die in den Spalten der Steine verschwanden, doch nur kurz. Sobald sie sich sicher wähnten, lugten ihre klugen Köpfchen hervor und suchten die Sonnenstrahlen. Es war leicht für Betty, sich mit den Eidechsen zu identifizieren, denn auch sie liebte die Wärme und den würzigen Geruch nach wildem Oregano, die Meeresbrise und das ferne Kreischen der Möwen. Am liebsten wäre sie dort geblieben, doch schon hetzte der Reiseleiter sie alle demonstrativ mit seiner Taschenuhr.

54

Betty bemerkte jetzt, dass der „Meltemi" immer stärker blies und sich hohe, schäumende Wellen bildeten, die unzähligen Kieseln und Muscheln meerein- und meerauswärts trieben, in einem ewigen Prozess von Reinigung und Politur. Sie sammelte ihre Sachen zusammen und kehrte ins Hotel zurück, wo sie sich eine Weile mit Lesen und Schreiben beschäftigte, bis das laute Gezwitscher der Spatzen sie leicht aufschreckte. Die kleinen grauen Vögel kreisten um den Garten und ließen sich dann in Scharen auf die Büsche der Bougainvillea nieder. Für die anderen Touristen war die „blaue Stunde" angesagt, die Zeit der Cocktails und des sanften Geplauders an der Bar. Für Betty war es die Stunde der Spatzen, die sich allabendlich im Grünen trafen, schwätzten und dabei in Schlückchen aus dem Schwimmbad tranken. Wie gern hätte sie ihre Sprache verstanden, ihren Geschichten gelauscht!

Bald danach kehrten die Wanderer zurück und mit ihnen Henry, von der Sonne kräftig gebräunt. Die Farbe seiner Schuhe war vom dicken Staub unerkennbar, seine Stimmung ausgezeichnet. Nach dem Duschen beschrieb er ihr die Einzelheiten des Ausflugs, bis er bemerkte, dass ihr Gesicht sich vor Schmerz zusammenzog.

„Der Knöchel tut noch weh, ja? Warte, glücklicherweise habe ich Arnika dabei, das hilft."

Liebevoll bereitete er eine Kompresse und verband damit den stark angeschwollenen Knöchel. Dann versorgte er sie mit Wasser und Aspirin.

„Du musst jetzt ausruhen. Am besten bleib liegen, ich lasse ein Tablett mit deinem Abendessen hochbringen. Übrigens,

Helga wünscht dir gute Besserung, sie vermisst dich. Schlaf schön, Darling!"

Er gab ihr ein Kuss auf die Wange. Bevor er die Jalousien herunterrollte, fiel ihm ein Manuskript auf dem Nachttisch auf. Es hieß „Eidechsen und Spatzen". Sie schreibt wieder, das ist großartig, überlegte er. Das wird sie eine Weile beschäftigen. Er trat in den Flur hinaus und machte sich ein Jux aus dem Titel der Geschichte, indem er ihn neu formulierte und zwar „Während die Eidechse klagt, geht der Spatz auf Jagd". Henry war von seiner Erfindung so begeistert, dass er sie sofort der jungen Sissy präsentieren wollte. Sie wüsste seinen Witz zu schätzen, bestimmt. Pfeifend klopfte er diskret an ihrer Tür. Sie erschien lächelnd in Negligé und mit einem Cocktailglas in der rechten Hand.

# EINE NACHT IN NIZZA

Im Laufe der Jahre habe ich die Bekanntschaft von vielen Frauen aus der ganzen Welt gemacht, daher darf man mir wohl glauben, wenn ich behaupte, dass Michiko die leidenschaftlichste von allen war. Sie hat das Leben in vollen Zügen genossen, und wenn es um ihre eigene Lust ging, hat sie keine Rücksicht auf andere genommen. Ich habe es selbst erlebt.

Wir sind uns zum ersten Mal in der Kantine der Firma begegnet, in der wir beide arbeiteten. Als ich sie sah, war ich wie geblendet. Eine Geisha in unserer nüchternen Kantine? Ihre schrägen Augen, die dichten Wimpern, die schwarze Mähne, die kaskadenartig über ihre schmalen Schultern fiel, und der schlanke Körper in einer eng anliegenden Satinhose betonten ihre zierliche Weiblichkeit. Sie war zwar keine echte Japanerin, aber ihre Eltern waren vor langer Zeit nach Brasilien emigriert. So vereinigten sich bei Michiko die charmante Höflichkeit der Japaner und die ausgelassene Freude der Brasilianer. Später, als ich sie besser kennenlernte, entdeckte ich andere japanische Eigenschaften, wie etwa ihren Perfektionismus, den sie beim täglichen Schminken oder wöchentlichen Lackieren ihrer Nägel zeigte. Die Mühe lohnte sich, denn wenn Michiko in die Kantine eintrat mit einem geheimnisvollen Lächeln auf den Lippen und die filmreife Gestik ihrer Hände mit lasziv roten Fingernägeln, drehten sich alle Männerköpfe nach ihr um. Die Frauen, dagegen hakten sich bei ihren Männern ein und hielten sie fest im Griff. Da ich damals alleine und auf der

Suche nach einer Freundin war, mit der ich Pferde stehlen könnte, fühlte ich mich sofort von ihr angezogen.

Just als der Frühling sich bemerkbar machte, stiegen wir in den „Blumenzug" ein, der in Richtung Italienische Riviera fuhr. Während der langen Fahrt hatten wir reichlich Zeit, uns besser kennenzulernen. Sie vertraute mir die Existenz eines verheirateten Liebhabers an.

„Er schreibt mir romantische Briefe und widmet mir seine Verse."

„Liebst du ihn auch?"

„Aber natürlich! Schau mal, diese Silberkette mit Türkissteinen und dem passenden Ring dazu hat er mir zum Geburtstag geschenkt."

Der Schmuck kleidete sie ausgezeichnet, aber die Frage aller Fragen musste ich ihr trotzdem stellen: „Wird er sich scheiden lassen, um dich zu heiraten?"

Michiko lachte so laut, dass ich mich beschämt umschaute, um festzustellen, ob die anderen Passagiere etwas mitbekommen hatten. Sie öffnete ihr Kosmetikköfferchen, frischte ihr Make-up auf und erst dann ging sie auf meine Frage ein: „Weißt du, Lina, ich habe sehr jung einen viel älteren Mann geheiratet und bin Mutter eines zwölfjährigen Jungen. Mein Mann war die große Liebe meines Lebens, aber er hat sich als echter Macho und Tyrann obendrein entpuppt."

„Hast du nie dagegen rebelliert?"

„Aber natürlich! Das machte ihn wütend. Sogar das Schminken hat er mir verboten. Als ich 26 Jahre alt wurde, war ich endlich reif für die Scheidung."

„Wo ist dein Sohn jetzt?"

„Gerard lebt bei meinen Eltern in Brasilien. Ich habe glücklicherweise eine Stellung in dieser Firma gefunden und jetzt bin ich hier, um an Fortbildungskursen teilzunehmen."

„Vermisst du deinen Sohn?"

„Aber natürlich! Er durfte mich nicht begleiten, dafür telefonieren wir oft. Lass uns jetzt die Familie vergessen und freuen wir uns auf Sonne, Strand und Amore!"

Ein Taxi brachte uns zu unserem Hotelturm in San Remo inmitten von hohen Palmen. Vom Balkon aus hatten wir eine wunderschöne Sicht auf das blaue Meer und auf die üppige Flora. Zusammen mit den Wollklamotten entledigte ich mir den Bürostress der letzten Tage. Abends aßen wir im Hotelrestaurant, gemeinsam mit einem älteren Ehepaar, das seine Neugier auf Michiko kaum verbergen konnte. So kam es heraus, dass sie auf die Vierzig zuging, doch sah sie wesentlich jünger aus. Lag es an ihrer asiatischen Herkunft oder an ihrer Frohnatur? Im Vergleich zu ihr schnitt ich schlecht ab. Ich war groß und etwas unförmig, sah nie richtig frisiert oder angekleidet aus und war obendrein schüchtern gegenüber Männern. Michiko und ihre bezaubernde Erscheinung zogen auch hier, in diesem mondänen Ort, alle Blicke auf sich. Vor dem Zubettgehen jedoch entdeckte ich an ihr einen Schönheitsmakel, der meinen Neid besänftigte: Ihre Beine waren kräftig und verbogen wie die eines Sumo Ringers.

Das Klingeln des Weckers riss mich brutal aus dem Schlaf, gefolgt von Michikos beruhigender Stimme. Ich durfte weiter schlafen, während sie ihre Morgentoilette erledigte. Sie benötigte täglich eine Stunde extra für das sorgfältige Schminken, Ankleben von Wimpern, Frisieren und mehr. Ich fragte mich, inwieweit sie ihre Schönheit der Kosmetikindustrie verdankte. Am ersten Tag besuchten wir mit dem Tour-Bus die Rivierastädte Monaco und Monte Carlo. Am schönsten fand ich die herrliche Sicht auf die Küste, von der Bergstraße ausgesehen, mit ihren vielen Buchten, Landzungen und imposanten Villen, im Hintergrund die weiß schimmernden Segelboote auf wogender blauer See. Wir hielten uns eine ganze Weile in einem exotischen Garten auf und vergaßen dabei die Zeit, mit dem Ergebnis, dass unser Tour-Bus ohne uns wegfuhr. Doch Rettung kam in Form eines geparkten Busses mit argentinischen Touristen. Michiko sprach mit dem spanischen Reiseleiter, machte ihm schöne Augen und im Nu, unter dem Geschwätz und Gelächter der anderen, durften wir einsteigen. Wir verabredeten uns für später in ein belebtes Terrassencafé in Cannes, wo ich bald bemerkte, dass die beiden Feuer gefangen hatten. Das brasilianische Temperament von Michiko trat jetzt voll in Erscheinung. Beim Lachen bebte ihr ganzer Körper und die lange schwarze Mähne wehte verführerisch im Wind. Die erotische Spannung zwischen ihnen ging mir allmählich auf die Nerven, ich fühlte mich ausgeschlossen und einsam. Pepe schlug vor, das Spielkasino zu besichtigen, doch da er keine Krawatte dabei hatte, durften wir nicht hinein. Wir promenierten ziellos durch die Straßen von Cannes und Nizza und meine Unruhe wuchs. Ich drängte Michiko, so bald wie möglich mit der Bahn über die Grenze zurück zu unserem Hotel in San

Remo zu fahren, da der Übergang nur zeitlich begrenzt offen war. Michiko reagierte auf meine Bitte erst nach einem Zwiegespräch mit Pepe: „Liebste Lina, ich muss dir was beichten. Ich hab mich Hals über Kopf in Pepe verliebt, und ihm geht es genauso. Er möchte uns zum Abendessen in sein Hotel in Nizza einladen und meint, seine Kollegin hätte nichts dagegen, mit einer von uns ihr Zimmer zu teilen. Was sagst du dazu?"

„Ich glaube, es ist vernünftiger über die Grenze zu gehen, bevor es zu spät wird."

„Ach, Lina! Sei doch kein Spielverderber! Morgen könnten wir hier frühstücken und dann den ganzen Tag am Strand verbringen, so wie du das vorhattest."

Ich schwankte, wollte sie nicht enttäuschen, und schließlich gab ich nach. Als wir in den luxuriösen Speisesaal des Hotels eintraten, entdeckte ich einige bekannte Gesichter. Es waren die Argentinier, die mir fröhlich zuwinkten. Das Abendessen war vorbei, und so ergatterten wir nur Baguettes mit Tomaten und Käse, aber das störte mich nicht und den Turteltäubchen noch weniger. Bald verließen wir den Saal in Richtung Pepes Schlafzimmer. Vergeblich wartete ich auf das Erscheinen seiner Kollegin, die angeblich ihr Zimmer mit mir teilen wollte. Ich hoffte auf eine vorhandene Schlafcouch und ein paar Decken. Jedoch Pepes Schlafzimmer bot jedoch nur ein breites französisches Ehebett.

Michikos Worte brachten mich auf den kalten Boden der Tatsachen zurück: „Es tut mir leid, Lina, wir haben nur dieses eine aber große Bett zur Verfügung. Auf welcher Seite schläfst du?"

Pepe zwinkerte mir schelmisch zu und ging ins Badezimmer. Ich bereitete mich innerlich auf eine unruhige Nacht vor. Pepe zog den Wecker auf, denn er musste um sechs Uhr aufstehen. Die Reisegesellschaft zog weiter nach Marseille. Michiko und ich legten uns je auf eine Seite des Bettes, während Pepe sich dazwischen quetschte. Kaum war das Licht aus, hörte ich sie flüstern, gefolgt von weiteren verräterischen Geräuschen. Die Matratze hob und senkte sich begleitet vom Knirschen der Sprungfedern und das Hecheln der atemlosen Liebenden. Es war wie ein Sturm auf hoher See, ein Kampf um Leben und Tod. Michiko, die so fein und grazil wie eine Porzellanpuppe aussah, konnte lieben wie ein wildes Tier. Diese berauschende Ausdrucksform der Liebe war mir bis dato versagt geblieben. Ich klammerte mich die ganze Zeit an die Holzleiste des Bettes, um nicht in die Nähe des Vulkans zu rutschen und wartete ungeduldig auf das Ende. Langsam ließen die rhythmischen Bewegungen nach, auf das Stöhnen folgten tiefe Seufzer der Sättigung. Am nächsten Morgen klingelte es schrill und wir fuhren alle hoch. Unwillkürlich stieß ich mit meinem Bettnachbar zusammen.

„Ach, meine Lieben, ich muss euch leider verlassen, die Pflicht ruft. Vergesst nicht, das Zimmer sauber und ordentlich herzurichten, bevor ihr geht. Adiós, majas!"

Ich drehte mich herum und schlief weiter. Michiko begann ihr morgendliches Ritual. Gegen Neun suchten wir ein Frühstückslokal auf. Der strahlende Himmel, das heiße café-au-lait und die knackig frischen Baguettes bewirkten, dass bei mir die gute Laune zurückkehrte. Sonnige Strandtage, schöne Boutiquen, das Flair der blauen Riviera warteten darauf, von mir entdeckt zu werden. Aber was zählte das alles im Vergleich zu Michikos heißen Nächten? Sie gab ihren Begierden hemmungslos nach, lebte intensiv und nahm dabei keine Rücksicht auf andere, auch nicht, wenn es um die beste Freundin ging. Seit dieser aufschlussreichen Erfahrung mit Michiko bin ich vorsichtiger im Umgang mit Genussmenschen geworden.

# EIN GRINGO UNTER DEM KREUZ DES SÜDENS

Als ich im November mit meiner Freundin zum ersten Mal nach Chile flog, hatte ich keine blasse Ahnung, was mich dort erwarten würde. Schon bei der Ankunft am Flughafen fing es an. Eine lange Menschenschlange bildete sich vor der Passkontrolle, an die wir uns, mit schweren Koffern beladen, anschließen mussten. Während der Zollabfertigung hielten wir schon Ausschau nach Oma. Marcia hatte mir ein Bild von ihrer stattlichen Großmutter gezeigt, bei der wir drei Wochen lang Ferien verbringen wollten.

Vor dem Zollausgang warteten viele auf die ankommenden Fluggäste, aber Oma war nicht unter ihnen. Inzwischen wurden uns die Koffer von flinken Gepäckträgern aus den Händen gerissen und an einen Taxifahrer weitergereicht. Nahe am Verzweifeln schrie Marcia aus voller Kehle: „OMA!" und siehe da, eine korpulente alte Dame mit schneeweißem Haar und dicken Brillengläsern drehte sich uns zu. Offensichtlich war sie in letzter Zeit noch kurzsichtiger geworden. Sie begrüßte uns mit südländischer Herzlichkeit. Obwohl gebürtige Schweizerin, war sie in jungen Jahren nach Chile ausgewandert. Mir zuliebe sprach sie Deutsch mit ausgeprägtem spanischem Einfluss. Die Taxe, die wir bestiegen, war schwarz, mit gelbem Dach, was mich an New Yorker Taxen erinnerte. Als wir endlich ankamen, war ich nach den Überholmanövern des Fahrers mit meinen Nerven am Ende!

Omas Haus machte einen ziemlich heruntergekommenen Eindruck. Allerdings traf dies auch auf die Nachbarhäuser zu. Der Putz blätterte von den Wänden ab, die Farbe war verblichen, das Holz wurmstichig geworden. Im schattigen „Patio" fehlten teilweise die Bodenfliesen, eine Tatsache, von der man durch bunte Geranientöpfe abgelenkt wurde. Als wir die inneren Räume betraten, fühlte ich mich in die Fünfziger Jahre versetzt. Hohe Altbaudecken, wacklige Möbelstücke, eingerahmte Familienbilder auf bestickten Tischdeckchen, geblümte Lampenschirme und vor den kleinen Fenstern rüschenbesetzte Gardinen. Insgesamt eine zwar altmodische, aber doch urgemütliche Atmosphäre.

Oma lief aufgeregt hin und her und versuchte uns alles recht zu machen. Dusche und WC befanden sich im Patio, was mir einen nächtlichen Spaziergang unter sternklarem Himmel bescherte. Als ich zu meiner Couch zurückfand, saß Marcia aufrecht im Bett und berichtete mir lakonisch: „Oma ist aus dem Bett gefallen".

Tatsächlich! Sie lag schnarchend auf dem Boden. Betäubt durch ihre Schlaftabletten war sie während der Nacht dem Bett entglitten. Ich fasste sie an den Beinen, Marcia am Kopf, aber trotz unserer koordinierten Bemühungen, bekamen wir sie nicht hoch. Schließlich gaben wir es auf. Wir wickelten sie in eine Decke ein und legten uns wieder hin.

Ein paar Stunden später weckte mich eine schwache Stimme, die aus der Tiefe kam. „Wo bin ich denn? Mir ist kalt. Hilfe, Hilfe!" Marcia und ich mussten die Lachkrämpfe unterdrücken, als wir der alten Dame in ihr Bett halfen. In den darauffolgenden Nächten entdeckten wir oft, dass Oma mit der Tageszeitung in der Hand, die Brille auf der Nase und bei brennendem Licht fest eingeschlafen war.

Am ersten Tag in der kleinen Hafenstadt, in der Oma seit Jahrzehnten lebte, unternahmen wir einen Rundgang durch die ausgeschmückte *Plaza*. Es war Sonntag, dadurch herrschte eine feierliche Stimmung im kleinen Ort. Eine uniformierte Blaskapelle sorgte für Marschmusik mit preußischen Anklängen. Ein paar bunt ausstaffierte Vikunjas tänzelten herum, während ihre Besitzer, die Kamera in der Hand, auf die kleinen Kunden warteten. Die Kinder tobten auf dem frisch gemähten Rasen und bettelten ihre Mütter um Zuckerwatte, Eis oder Luftballons an. Wir liefen zum Kai hinunter, wo seit Wochen kein Frachtschiff mehr angelegt hatte. Nur ein paar verlassene Fischerboote schaukelten im Wasser.

„Schau mal die vielen Pelikane!" rief ich begeistert Marcia zu und stellte meine Kamera auf Bild ein.

„Das sind doch bloß normale Seemöwen!", lachte sie höhnisch.

Danach besuchten wir die Markthalle, wo sich bunte Obstberge auf Holzflächen stapelten und riesige Fische am Haken hingen. Der Auslöser meiner Kamera lief rot an. Als ich ein Turm prächtiger Artischocken entdeckte, schlug ich vor, der Oma ein halbes Dutzend für die Vorspeise zu bringen, doch zu meiner Verwunderung erklärte mir Marcia, es handele sich um süße Zimtäpfel.

Inzwischen mussten wir beide zur Toilette. Bei mir fand sich sogar ein „Putzmann" vor, der sich nach meiner Trinkgeldabgabe, ein paar Pesos, mehrmals verbeugte, mir die Tür aufhielt und einen schönen Tag wünschte. Ich kam mir vor wie ein Krösus. Marcia hatte dagegen was Peinliches erlebt.

„Stell dir mal vor, ich sitze auf der Toilette, und da taucht plötzlich unten zwischen Türrand und Boden ein Schopf mit schwarzem, hängendem Haar. Es dauerte ein paar Sekunden, bis ich begriff, dass jemand kopfüber durch die Ritze spähte. Ich schrie und riss sofort die Tür auf, aber der Mistkerl war verschwunden!"

Am nächsten Tag holte uns Onkel Payo, Omas jüngster Sohn, mit seinem uralten Buick zu einem Ausflug ab. Die alte Karre würde in Europa in einem Museum stehen! Sie war zum größten Teil verrostet, die Türen schlossen nicht fest, die Fensterscheiben ließen sich nur bis zur Mitte herunterkurbeln, und die Federungen waren hoffnungslos abgenutzt.

Bei einer Höchstgeschwindigkeit von 60 km in der Stunde zog es aus allen Ritzen. Der aufwirbelnde Staub vermischte sich mit Benzindunst aus dem Motor, sodass ich kaum atmen konnte. Durch das Krächzen und Scheppern des Getriebes wurde eine Unterhaltung erfolgreich verhindert. Marcia saß direkt am Fenster und genoss die „gemütliche" Fahrt, wie sie es nannte.

Nach ein paar Stunden erreichten wir unser Ziel. Ein breiter, feinsandiger, fast menschenleerer Strand bot sich unseren entzückten Augen dar. Das türkisfarbene Wasser glitzerte in der starken Mittagssonne. Ich brannte darauf, darin zu baden, aber Onkel Payo schlug vor, erst einmal kräftig zu essen. Während er die Vorspeisen mit dem Kellner besprach, kam einer mit einem Riesenkrebs auf mich zu. Ich zuckte zusammen vor dem Anblick seiner langen Fühler und Greifzangen. Marcia trat mich unter dem Tisch und erklärte dem Ober, ich würde Steak „Armenart" bevorzugen. Das fand ich gemein von ihr. Ich hatte nämlich einen Mordshunger von der Meeresluft bekommen, und sie wählte für mich eine Portion, die für arme Leute gedacht war! Doch dann war ich sehr überrascht, als ein überdimensionales Steak, zwei Spiegeleier, Pommes frites und gebratene Zwiebel vor mir standen.

„So haben die Armen vor dreißig Jahren gegessen", erklärte mir Marcia, „und das Gericht hat seinen Namen behalten, obwohl es heutzutage nur noch für Wohlhabende erschwinglich ist."

Nach diesem reichlichen Mahl, das ordentlich mit Rotwein begossen wurde, legten wir uns zur Siesta auf den warmen Sand.

Danach erfolgte ein erfrischendes Bad im Pazifikwasser. Ich versuchte, mich an den Felsen hoch zu hieven, rutschte aber an der glitschigen Felswand immer wieder ab. Als ich frierend auf mein Badetuch zusteuerte, durchzuckte ein Schmerz meine Fußsohlen. Es war, als ob ich auf lauter Nadelspitzen laufen würde. Marcia wusste sofort Bescheid. „Ach, du meine Güte! Man darf nie zu nah an den Felsen kommen. Da wimmelt es von stacheligen Seeigeln!"

So kam es, dass ich den Rest des Nachmittags mit einer Pinzette an meinen Füßen beschäftigt war. Übrigens, was Ähnliches passierte mir mit frisch gepflückten Kaktusfeigen, nur dass dann die Stacheln an meinen Handflächen hefteten. Das nenne ich die Tücken südamerikanischer Reize!

Nach einem unvergesslichen Sonnenuntergang begann die Heimfahrt. Wir tuckerten die Panamericana entlang bis Kilometer 1500. An dieser Stelle gab der Buick seinen Geist auf. Als Onkel Payo die Motorhaube hob, schoss eine heiße Dampfwolke heraus. Nach eingehender Prüfung stellten wir fest, dass der Keilriemen gerissen war. Onkel Payo wusste schnell Rat. Überhaupt, er ließ sich nie kleinkriegen, auch wenn mal hinter uns eine Schlange hupender Autos stand. Er beachtete sie einfach nicht, oder schleuderte den Frechsten einen „Flieg drüber!" ins Gesicht. An seinem Beispiel begriff ich, was es heißt, ein echter „Macho" zu sein.

Onkel Payo stellte sich an den Straßenrand und winkte fröhlich mit dem Daumen, bis er mitgenommen wurde. Nach einer Stunde war er mit einem Ersatzriemen aus der nächstgelegenen Tankstelle zurück. Die letzte Strecke schafften wir zwar in weniger Zeit, dafür aber mit brummenden Schädeln dank der vielen Straßenlöcher, die von Jahr zu Jahr größer werden.

Oma empfing uns hocherfreut. Sie hatte sich schon Sorgen um uns gemacht. Ich konnte beim Abendessen kaum die Augen offenhalten, und bemühte mich vergeblich, Onkel Payos lustige Geschichten mitzubekommen. In jener Nacht schlief ich besonders unruhig, wegen der Hautverbrennungen am ganzen Körper. Es dämmerte, als ich das Getrappel der vorbeifahrenden Fuhrwerke in Richtung Markthalle vernahm und eine schrille Frauenstimme, die frische Muscheln feilbot. Ihr Schreien, misstönend und eindringlich, wurde in bestimmten Abständen wiederholt.

Inzwischen kannten wir die kleine Hafenstadt wie unsere Westentasche. Deshalb bestiegen wir einen Bus, um die benachbarte Stadt zu besuchen. Überhaupt bieten diese lokalen Transportmittel die beste Gelegenheit, die Einheimischen hautnah zu erleben. Eine alte Frau stieg mit einem großen Bündel im Arm. „Ein krankes Kind", dachte ich. Plötzlich tauchte jedoch der niedliche Kopf einer Ziege aus dem Bündel heraus! Übrigens, Kinder genießen hier Narrenfreiheit. Aber sie bleiben nicht lange Kinder! An jeder Haltestelle bestiegen zerlumpte Straßenjungen den Bus, um ihre Ware mit kecken Ausrufen an den Mann zu bringen. Von Kaugummi bis Aspirin, von Schnürsenkel bis Wundpflaster, man bekommt alles angeboten. Gelegentlich finden musikalische Darbietungen während der Fahrt statt. Einer singt zu den Klängen seiner Gitarre, derweil sein Geschäftspartner die Trinkgelder kassiert.

Am Ziel angelangt, schlugen wir eine zufällige Richtung ein und landeten direkt vor einem im Freien stattfindenden Gemüse- und Obstmarkt. Der herbe Duft von Papayas und Limetten hing in der Luft. Die nostalgische Melodie eines Leierkastens schlug uns entgegen. Ein Äffchen hüpfte auf den Kasten herum und spielte mit Papierbällchen. Aus dem nahen Stechapfelbusch strömte ein betörender Duft. Man sagt, seine Blüten würden die Menschen in einem Rausch versetzen. Tatsächlich war ich nah am Einschlafen, als es ohrenbetäubend, wie aus einer Kanone, knallte. Ich schaute Marcia entgeistert an, doch sie brach in schallendes Gelächter aus.

„Jeden Tag, genau um zwölf Uhr, wird vom Hügel her ein Kanonenschuss abgegeben, so verlangt es die Tradition" erklärte sie. Beruhigt knipste ich ein paar Bilder von der Kathedrale im Kolonialstil, bevor wir ins Restaurant gingen.

Gestärkt durch eine kräftige Bohnensuppe, suchten wir das uns empfohlene Stadtmuseum auf. Ein Bettler hockte auf der Treppe des Gebäudes und spielte auf merkwürdigen Instrumenten. Eines davon ähnelte einer Gitarre; als Rumpf diente eine alte Aluminiumpfanne. Bei dem anderen handelte es sich um eine normale Säge, der mithilfe eines kleinen Hammers ein unverkennbarer Tango entlockt wurde. Unbeachtete Talente dieser Art zu bestaunen, hatte ich reichlich Gelegenheit.

Aus den Lithografien und Anmerkungen über die Geschichte der Küstenstadt erfuhren wir, dass sie im 16. Jahrhundert mehrmals von britischen Seeräubern ausgeplündert und niedergebrannt worden war. Noch heute gibt es eine Redewendung, die den grausamen englischen Piraten „Sharp" erwähnt. Man erzählt, im tiefen Meeresgrund der Bucht liege ein versunkenes Piratenschiff, voll beladen mit Golddublonen, Juwelen und anderen Schätzen, die einst der spanischen Krone gehörten. Als ich davon erfuhr, war ich nah dran, mir eine Taucherausrüstung zu besorgen, doch Marcia hielt mich davon ab.

Zu Hause wartete Oma mit einer lukullischen Überraschung auf uns. Sie stellte dampfende Maiswickel stolz auf den Tisch.

„Schmeckt es dir, Gringo?" fragte sie erwartungsvoll. Ich nickte begeistert.

Die letzten Tage vor unserer Abreise verbrachte sie emsig in der Küche. Die Ergebnisse ihrer Bemühungen ließen sich dann sehen: Papayas in Sirup, Quittengelee und Karamell-aufstrich. Marcia saß solange auf den Koffern, bis ich sie zuschließen konnte. Während wir die Gepäckstücke in das bestellte Taxi einluden, standen ein Dutzend Straßenkinder herum und verfolgten unser Tun mit unverhohlener Neugier. Mitten im Trubel kam Oma mit einer alten Kaffeekanne für uns heraus, womit man in den Fünfziger Jahren Bohnen-kaffee filterte. Die gute, alte Oma!

Die danach folgende rührende Abschiedsszene möchte ich hier nur erwähnen. Ich bin nicht sentimental veranlagt. Wenn es aber in Deutschland so richtig mieses Wetter gibt, dann hole ich meinen warmen „Poncho" und meinen breit-krempigen Strohhut aus dem Schrank und ziehe stolz wie ein Chilene durch die Straßen.

# GRUPPENDYNAMIK IN KALIFORNIEN

Nach unserer Landung in Los Angeles begegnen wir uns zum ersten Mal im luxuriösen Aufenthaltsraum des Hilton und beschnuppern uns vorsichtig, während der Reiseleiter, ein attraktiver Mann um die Dreißig, die Passagierliste checkt und Broschüren verteilt. Wir sind ungefähr fünfzig Mitteleuropäer, die mit dem Bus eine Woche lang die kalifornische Küste entlangfahren werden, um danach die vielen Nationalparks im Innern des Landes zu besichtigen. Gesamtreisezeit? Sechzehn Tage während der beliebtesten Saison des Jahres, des sogenannten „Indian Summer". Von nun an werden wir uns tagtäglich in aller Herrgottsfrühe in der Cafeteria des jeweiligen Hotels treffen, mit müden Gesichtern und einem großen Becher dünnen, amerikanischen Kaffees vor der Nase, und später im Bus über die gemeinsamen Ausgangsstufen für die obligaten Foto-, Pinkel- und Proviantpausen stolpern. Ein jeder hat seine persönlichen Erwartungen, sei es Land und Leute kennenzulernen, gute private oder sogar geschäftliche Kontakte zu knüpfen oder einfach schöne, lustige Erlebnisse mit nach Hause zu nehmen.

Die ersten Tage mustern sich die Fahrgäste diskret, sozusagen aus dem Seitenwinkel. Die Männer lächeln höflich, wenn Nico, unser Reiseführer, eine witzige Bemerkung macht. Die Damen beginnen an der Schlange vor dem WC

Gespräche über Wetter oder ungewohntes Essen. Vor uns im Bus sitzen Mutter und Tochter aus der Schweiz, spindeldürr und doch sehr agil, begeisterte Bergsteigerinnen, wie wir später feststellen werden. Übrigens, „wir", das sind mein Mann und ich, beide frisch gekürte Rentner aus Deutschland und von jeher Amerikafans. Die Bayern in der Gruppe (wen wundert's!?) hatten Jim, unserem farbigen Fahrer, vorgeschlagen, die Kühltruhe im hinteren Teil des Busses mit Budweiser Bier vollzustopfen. Nun sieht man sie immer öfter, den Gang schwankend und lachend zu durchqueren. Gut geschützt gegen Hitze und Durst schaffen wir es, an einem Tag sehr lange Strecken hinter uns zu lassen, so wie der beliebte amerikanische „roadrunner", der zur Comicfigur wurde. Dabei hilft uns Nico mit seinen viersprachigen Erklärungen, die gespickt sind mit Anekdoten und der passenden Country-Music vom Band. Da der Bus nur über einen Ausgang verfügt, schlug Nico ganz am Anfang vor, täglich eine Sitzplatzreihe vorzurücken, sodass niemand benachteiligt werde. Die vorderen Plätze, näher zum Ausgang, benannte er „Beverly Hills"; die hinteren dagegen gehörten zur „Bronx". Trotzdem entsteht manchmal ein Chaos, denn nicht jeder, der es schafft, eine Reise nach USA zu finanzieren, kann auch bis Drei zählen!

Übrigens, Nico ist ein bemerkenswerter Reiseführer. Nicht nur, dass er sechs Sprachen beherrscht, er ist auch ein wahrer „Entertainer", denn er liefert viel Sachinformation über Land und Leute und amüsiert uns mit saftigen

Anekdoten über Promis, Starlets und Mafiabosse. So verhindert er, dass wir, eingelullt vom monotonen Motorgeräusch, seine Pointen verpassen. Schließlich befinden wir uns im Land des Showbusiness, wo man alles tut, auch mit Hilfe von Skandalen, Korruption und Kugeln, um Schlagzeilen in Presse und Fernsehen zu erringen. Der amerikanische Mythos vom Tellerwäscher zum Millionär rückt hier näher an die Realität als anderswo. Nico rundet seine humorigen Geschichten mit einer Marotte ab („un sacco de ….“), die seine italienische Herkunft verrät.

Ungefähr um die Mitte der Reiseroute haben sich nach und nach Grüppchen von vier bis sechs Personen zusammengetan, die sich untereinander duzen und vertrauliche Gespräche führen. Kurz vor San Francisco verrenkt sich eine Teilnehmerin den Fußknöchel. Spontan melden sich Helfer mit Medikamenten und Ratschlägen, darunter mein eigener Mann mit einer Heil bringenden Salbe. So etwas wie Teamgeist macht sich breit, und das ist gut so, denn bald wird es auf die Probe gestellt. Ein unscheinbares Paar aus Australien, ziemlich saloppe Dauerraucher, beschweren sich über Nicos lange Erläuterungen auf Fremdsprachen. Englisch, ihrer Meinung nach, sollte die Hauptsprache sein. Ein allgemeiner Protest entsteht und Nico wird von der Mehrheit in Schutz genommen. Die Episode ereignet sich gerade, als wir die brodelnden, übel riechenden vulkanischen Wassergruben im Yellowstone Park besichtigen. Nachdem alles geklärt ist, sind die Australier keine Außenseiter mehr und integrierten sich mühelos in die Gruppe.

Andere dagegen bleiben im Abseits, weil sie es so wollen. So zum Beispiel das pensionierte Ehepaar hinter uns, nach dem Akzent zu beurteilen Ostdeutsche, die sich kurz nach der Wende ihre erste große Amerika-Reisetour gönnen. Mit starrem Blick nach vorne kommentieren sie im Flüsterton ihre (negativen) Eindrücke über die einstigen Feinde und sprechen mit niemandem.

Die Gruppe hat auch ein Maskottchen auserkoren und zwar ein süßes, blondes Mädchen um die sechs Jahre alt, in Begleitung ihrer holländischen Eltern. Die Nymphe wird zum Liebling aller, aber besonders der Fotografen unter uns, von denen es jede Menge gibt. Für sie posiert sie kokett mit ihren platinblonden Strähnen und strahlenden blauen Augen vor der imposanten Kulisse der Grand Canyon Schluchten, vor tosenden Wasserkaskaden oder nostalgischen Lokomotiven. Nico, insbesondere, ist von ihr regelrecht fasziniert. Er trägt sie auf seinen Schultern während der Wanderungen in den Parks, spielt mit ihr 'Räuber und Gendarm', schenkt ihr Leckereien. Sein männlicher Charme hat auch mich nicht gleichgültig gelassen. Ich male mir romantische Begebenheiten aus und lobe ihn in hohen Tönen vor meinem Gatten, der schon vom Anblick röhrender Hirsche und Kraft protzender Bisons in der Landschaft ganz unruhig geworden ist. Plötzlich, wie aus heiterem Himmel, lächelt mich Nico dermaßen leidenschaftlich an, dass mein Herz einen Sprung macht, und ich bis in die Haarspitzen erröte. Beglückt schaue ich seitwärts auf die Reaktion meines Gatten und bemerke dabei, dass ein blondes Köpfchen zwischen unseren Sitzplätzen hervor lugt. IHR gilt das strahlende Lächeln, nicht mir. Sofort sinkt meine Stimmung auf Null, ich fühle mich alt, hässlich und lächerlich. Von da an rückt Nico wieder in die Kategorie des netten Reiseführers und sonst nichts.

Unter den Fotografen ist der Vater unseres Maskottchens zweifelsohne der Champion. Er steigt immer als Erster mit seiner hochwertigen Kamera aus dem Bus und ist der Letzte beim Einsteigen. Er ist einfach besessen, alles zu fotografieren, „the whole scenery", wie die Amerikaner sagen. Es gibt viele der Gattung „homo fotogens" unter Touristen, vor allem japanische, die absolut jedes Detail in ihrer Linse einfangen wollen. Mir erscheint es suspekt, neurotisch und wenig sinnvoll, akribisch genaue fotografische Eindrücke zu sammeln, anstatt die fremden Bilder und Landschaften in sich aufzunehmen und in Ruhe zu genießen. Das Sehen wird so zu einer Art Kontemplation oder meditativem Erlebnis, und die Erinnerungen haften länger im Gedächtnis. Aber versuchen Sie einen passionierten Fotografen davon zu überzeugen, vor allem wenn man vor einem der ergreifendsten Anblicke der Welt steht: die Schluchten des Grand Canyon eingefärbt in die rotorangefarbenen Töne der untergehenden Sonne! Worte der Begeisterung sind überflüssig, alle starren durch den Sucher und man hört nur das Klicken und Surren der Kameras.

Aber verweilen (Goethe möge uns verzeihen) dürfen wir hier auch nicht, und so fährt unser Bus unerbittlich bis zum Ausgangspunkt unserer Reise zurück. Schade gerade jetzt, da wir uns endlich an das leidliche Frühaufstehen, an die vertrackten Duschapparate, an das tägliche Kofferpacken und an den dünnen Kaffee mit Donuts gewöhnt haben! Die anfängliche Kaufwut unter den Fahrgästen hat sich spätestens nach dem Besuch von Spielsalons in Las Vegas gelegt. Sogar unser pünktlicher Fahrer hat sich dort vom Spielvirus infizieren lassen und dann am nächsten Tag unrasiert und müde ans Steuer gesetzt, ohne den Jackpot geknackt zu haben. Einige legen mehr Wert auf freundschaftliche Bande (wie wir) und tauschen Adressen oder erhalten Einladungen, die man spätestens ein Jahr danach in den Papierkorb wegwirft. Auch Amor hat seine Pfeile auf die Singles im Bus geworfen, mit dem Ergebnis, dass drei verliebte Paare entstanden sind. In meinem Fall hat sich nichts geändert, außer, dass ich, dank Nicos Erläuterungen auf Italienisch, mir mindestens zwei Semester bei der VHS erspart habe. Schwer bepackt mit indianischer Handwerkskunst, gedruckten T-Shirts, meterlangen Fotorollen und dicken Broschüren steigen wir in Los Angeles aus. Nach einem letzten Hamburger beim Carl's verlassen wir das Land der unbegrenzten Möglichkeiten mit Vorfreude auf richtiges Brot und gesundes Essen in Europa.

## FÜR EIN PAAR DOLLAR MEHR

Meine Lieblingsfarbe ist Türkis, daher die vielen Gegenstände in meiner Wohnung, die an Meer, Möwen und Sandstrand erinnern. Besonders an trüben, grauen Wintertagen hole ich mir Trost von meinen blauen Glaskaraffen, in denen meine Augen genussvoll versinken und sich zu Muscheln und Seesterne gesellen. Erfrischt kehre ich wieder in die Realität zurück. Diese Sehnsucht nach Türkis wäre mir das eine Mal fast zum Verhängnis geworden.

Auf dem Flugweg nach Venezuela, wo meine Verwandten lebten, musste ich einen sechsstündigen Zwischenstopp auf der „Insel der Verliebten", wie Barbados sich selbst benennt, einlegen. Der winzige Flughafen bot keine Gepäckfächer zur Aufbewahrung an, was ich als sehr lästig empfand. Wohin sollte ich mit dem schweren, mit Geschenken voll beladenen Koffer? Noch dazu herrschte eine feuchte Hitze, wie es in tropischen Ländern üblich ist. Als ich unschlüssig in der Halle stand, stürzte plötzlich eine schwarze, schwitzende Matrone auf mich zu.

„Hey, Miss! Sorry, I'm late! Geben Sie mir Ihren Koffer!" Und fort war sie damit.

Ich war so überrumpelt, dass es etwas dauerte, bis ich ihr nachlief.

„Warten Sie! Sie müssen mich verwechselt haben!"

Sie hatte meinen Koffer schon auf einem sonderbaren kleinen Vehikel platziert, ein Zweisitzer ohne Dach, der sich „Buggy" nennt, wie ich später erfuhr. Ich versicherte der Frau, dass mein Name nicht „Varela" sei, und dass ich keinen Englischkurs bei ihr gebucht hätte. Die Enttäuschung spiegelte sich auf ihrem glänzendes Gesicht wider, aber nicht lange.

„Bleiben Sie doch eine Woche oder länger in meine Pension! Ich koche selbst für meine Gäste!"

Wiederum musste ich ihr erklären, dass ich in sechs Stunden weiterfliegen würde. Sie gab trotzdem nicht nach. Schließlich einigten wir uns auf einen kurzen Aufenthalt in ihrer Pension mit Strandbesuch und Rückkehr zum Flughafen mit dem Buggy. Es war riskant, das war mir klar, aber mein Verlangen, in kühles türkisfarbenes Nass hinein zu springen war so stark, dass ich alle Vorsicht in den Wind blies, in diesen herrlichen Fahrtwind, der jetzt um meine Ohren sauste und mich ganz erfrischte. Wir fuhren in mäßigem Tempo an ausgedehnte Bananen- und Kaffeeplantagen vorbei. Ich fühlte, wie mir dieses unerwartete Abenteuer ein Schuss Adrenalin in die Adern pumpte. Endlich standen wir vor der bescheidenen Pension. Als ich ein paar Studenten zu Gesicht bekam, war ich beruhigt und zog meine Badesachen schnell an. Der Koffer blieb als Pfand bei der Wirtin.

Am Strand war ich die einzige weiße Frau unter vielen farbigen Männern mit Goldkettchen und Rasta-Locken. Ich stürzte mich in die blauen Wellen und genoss die Kühle, solange es die Zeit erlaubte. Die Schwarzen beobachteten mich vergnügt und spotteten untereinander, aber das störte mich nicht. Nur beim Trocknen auf dem Badetuch traute sich einer, mich anzusprechen. Wir unterhielten uns eine Weile auf Englisch. Sein Akzent klang sehr melodisch, er nannte mich öfters „Darling", als wären wir schon dicke Freunde. Zur Sicherheit erfand ich einen schlafenden Ehemann, der im Hotel auf mich wartete. Ein Blick auf die Uhr ließ mich panisch aufbrechen.

Die Wirtin war mit dem Abendessen für ihre Gäste beschäftigt und ließ sich nicht aus der Ruhe bringen. Sie trieb mich fast zum Wahnsinn mit ihrer Lässigkeit. Als sie mich stocksteif mit dem Koffer auf dem Buggy sitzen sah, kletterte sie schwerfällig auf ihren Sitz und startete Richtung Flughafen. Der Rückweg kam mir ewig lang vor. Am liebsten wäre ich über die dichten, smaragdgrünen Plantagen geflogen und vom Buggy aus direkt auf meinem Platz im Flugzeug gelandet.

Dort kaum angekommen, lief ich hektisch zum Abflugschalter, gefolgt von der schlurfenden Matrone, die um ihre Dollars bangte. Ich wurde als Letzte von einer mürrischen Stewardess abgefertigt. Es fehlten genau fünfzehn Minuten bis zum Start der Maschine. Die Schwarze riss mir ein paar Scheine aus der Hand, kurz vor der Schleuse und dann saß ich endlich im Flieger, zur Strafe ganz hinten, direkt vor der Toilette. Ich bekam auch als Letzte das Essenstablett vor die Nase geklatscht. Doch nichts von alledem hat mir etwas ausgemacht, ich war glücklich, denn plötzlich war mir eingefallen, dass es mein Geburtstag war. Unbewusst hatte ich mir selbst ein ganz besonderes Geschenk gemacht, indem ich eine Herausforderung angenommen und die Situation mit Bravour gemeistert hatte.

# AUF DEN SPUREN DER SPANISCHEN SONNE

Daniela hatte sich nicht nur vom praktischen her sondern auch geistig auf die Rundreise nach Spanien vorbereitet. Ihr bangte vor dem prall gefüllten Besuchsprogramm und das frühe Aufstehen morgens. Auch malte sie sich schon aus, wie die Mitreisenden aussehen würden. Mit allem hatte sie gerechnet, nur nicht mit der kurzen aber intensiven Präsenz der Liebe, nach so langer Abwesenheit.

Zurück von einem aufregenden Spaziergang durch die Ramblas in Barcelona hatten sich Daniela und Luis, ihr Lebensgefährte, gut gelaunt an die lange Tafel im Hotel zu den anderen zugesellt. Der Professor, ein Mann um die fünfzig mit ergrauten Haaren und Nickelbrille, saß ihr gegenüber. So hatte sie schon am ersten Abend die Gelegenheit, mit ihm über seine Frühpensionierung, seine schwache Gesundheit und seine vielen Auslandsreisen zu plaudern. Sie genoss den Anblick seiner regelmäßigen Gesichtszügen, der hellblauen, unschuldigen Augen wie die eines Kindes und das, immer wieder auftretende, verschmitzte Lächeln.

Später, beim Zähneputzen, ließ Luis eine Bemerkung fallen und fixierte sie dabei. „Offensichtlich hat der Professor großen Eindruck auf dich gemacht." Sie fühlte sich ertappt und erklärte, so natürlich wie möglich, dass er nur ein einfacher Schullehrer gewesen war und kein Professor.

„Trotzdem, ein Pedant ist er doch" konterte Luis. Er stammte aus ärmlichen Verhältnissen, daher blieb ihm ein Universitätsstudium verwehrt. Obwohl er mit seiner jetzigen Arbeitsstelle bei einer Behörde zufrieden war, waren ihm Akademiker ein Dorn im Auge.

Die Reisegruppe bestand nur aus zwölf Personen, daher konnten sie sich im Pullman Bus breit machen, und ungezwungene Gespräche miteinander führen. Während Luis nach den Besichtigungen schnell einschlummerte, näherte sich Daniela diskret dem Professor, der ständig ihre Reiseroute auf dem Atlas verfolgte und Buch über jedes einzelne architektonische Detail führte. Derweil die dürre kastilische Hochebene an ihnen vorbeizog, erklärte er ihr die besonderen Merkmale des spanischen Gaudi-Stils oder die, etwas weit hergeholte, Symbolik des Stierkampfes. Vor der Reise hatte er sich in der Bibliothek seines Viertels über Spanien eingehend informiert, „so wie jeder Tourist es tun sollte". Er konnte stundenlang begeistert über ein Thema reden, und genoss offensichtlich eine aufmerksame Zuhörerin wie Daniela dabei zu haben. Kleine Pausen im Redefluss entstanden, wenn er seinen Blick abrupt nach unten dirigierte und still für sich lächelte, ein unbewusster Akt der Koketterie, der ihn um Jahre verjüngte.

Sie malte sich sein früheres Leben als aktiver Mathematiklehrer aus, umgeben von pubertierenden Mädchen, die ihre ersten Verführungsversuche an ihm ausprobieren wollten. Wer wusste schon, wie viele Liebesbriefe er wohl erhalten hatte, wie vielen Versuchungen er aus dem Wege gegangen war. Hatte vielleicht deshalb sein Herz daran Schaden genommen? Oder war es eine unglückliche Liebesaffäre gewesen? Schließlich steht dieses Organ, symbolisch oder nicht, im Mittelpunkt, wenn es um Gefühle geht. Als Luis Getränke vom Busfahrer holte, verriet er ihr, dass er Träger eines Herzschrittmachers sei, und dass die Ärzte ihn höchstens noch zehn Jahre Lebenszeit vorausgesagt hatten. Später erzählte sie es Luis, wobei dieser hämisch bemerkte: „Das hat er dir nur gesagt, damit du Rührung für ihn empfindest. Er ist gar nicht dumm, dein feiner Professor. Man merkt, dass er sich im Umgang mit Frauen auskennt."

Der nächste Tag fing mit einem Besuch des Prado Museums in Madrid an. Diesmal führte sie ein spanischer Kunststudent durch die gut gefüllten Säle. Er erläuterte die bekanntesten Gemälde auf eine humoristische Art, die bei der Gruppe gut ankam. Daniela platzierte sich so hin, dass sie den Professor immer im Blickfeld hatte. Wenn er lachte, dann lachte sie mit, und wurde dabei von einer warmen Welle der Glückseligkeit überschwemmt. Nachmittags stand zur freien Verfügung und so erkundeten sie und Luis den weitläufigen Retiro Park, setzen sich unter uralten Platanen und besuchten eine kleine Ausstellung. Am Abend taten Daniela die Füße weh. Sie tranken nur noch ein Glas Sherry an der Hotelbar und zogen sich frühzeitig zurück. Während Luis schon nach wenigen Minuten laut schnarchte, überließ sie sich ihren erotischen Träumereien. Auf der einen Seite schätzte sie ihr gemütliches Heim, das ruhige Leben mit Luis in Sicherheit und Geborgenheit, auf der anderen sehnte sie sich nach einem heimlichen Liebesabenteuer. Kurze, aufregende Treffen nach der Arbeit irgendwo in versteckten Bistros, und danach ein kuscheliges Nest für die Zärtlichkeit zu zweit. Sie wünschte sich ein Doppelleben, doppelt so intensiv wie das jetzige, aber unter ihrer Kontrolle, ohne die Gefahr, entdeckt zu werden. Mal Kaviar, mal Linseneintopf. Ach, wäre das schön, dachte sie.

Kaum war sie eingeschlafen, so schien es ihr, klingelte der Wecker. Sie hasste es, brutal aus dem Schlaf entrissen zu werden. Die Besichtigungen von Museen und Kirchen waren durchaus interessant, aber nach einer gewissen Zeit brachte man die architektonischen Stile durcheinander, oder vergaß die Namen der vielen Maler und Dichter. Das viele Laufen war ihr auch ein Gräuel geworden. Toledo empfing sie mit bleiernen Himmel und Nieselregen, was die Bilder von El Greco noch düster aussehen ließen. Danielas trübe Stimmung verstärkte sich als der Professor gleich nach dem offiziellen Teil spurlos verschwand. Erst kurz vor der Abfahrt erschien er mit einer großen Schachtel Marzipankonfekt, die er fröhlich unter den Mitreisenden verteilte. Daniela dankte ihm mit feurigen Blicken, doch er schaute geflissentlich weg, was sie zum Schluss führte, er sei ein Sadist, der sie mit Zuckerbrot und Peitsche traktiere.

Während Luis nach dem Abendessen eine Weile mit den anderen plauderte, schlich sie in ihr Zimmer, und studierte ihre Erscheinung mit nüchternem Blick vor dem Spiegel. Taille und Hüften waren im Laufe der Jahre immer breiter geworden und die bequeme, sportliche Bekleidung verstärkte den sogenannten *Schlabberlook*. Sie brauchte unbedingt ein paar elegante Kostüme für tagsüber und ein romantisches Kleid für die lauen spanischen Abende. Sie nahm sich vor, gleich nach Rückkehr einen Gymnastikkurs und eine Woche Wellness zu buchen. Ihr Friseur hätte bestimmt eine Idee, wie man die mausgrauen Haare aufhellen könnte. Die guten Vorsätze schenkten ihr eine erholsame Nacht.

Beim Frühstück sah sie zufällig wie der Professor bedachtsam mit Messer und Gabel seine Spiegeleier zerteilte, frisch und aufgeräumt wie immer. Der Bus fuhr jetzt entlang des Sierra Morena Gebirges, und auf den saftigen Wiesen weideten zahlreiche schwarze Stiere. Danielas kalte Gleichgültigkeit verschmolz unter der gleisenden Mittagssonne und nach ein paar aufmunternden Blicken vom Professor, saß sie wieder in seiner Nähe. Er dozierte über Don Quichotte und seinen Knappen, den kugeligen Sancho Panza, und die skurrilen Abenteuer, die sie zusammen erlebten.

„Wenn man Sie so hört, würde man meinen, dass Geschichte und Literatur ihre Lieblingsfächer sind und nicht Mathematik!" sagte sie. Er lächelte bescheiden und fragte, ob sie gerne mit Zahlen hantiere.

„Ich stand mit Zahlen schon immer auf Kriegsfuß" antwortete Daniela wahrheitsgemäß.

„Schade, dass Sie nicht meine Schülerin waren. Bei mir hätten Sie gelernt, Zahlen zu lieben" erwiderte er betont, und fixierte so lange ihre Augen, dass sich ihr Puls beschleunigte. Sie lächelte süß, dennoch empfand sie seine Bemerkung im Nachhinein eitel und dumm.

Eine winzige Figur auf der Spitze eines Palastes, die sogenannte „Giralda", wies den Fahrgästen die baldige Ankunft in Sevilla an. Nach der Stadtbesichtigung wurde ein kräftiges Mittagessen mit regionalen Spezialitäten eingenommen, nur das gegrillte Stück Fleisch vom Stier ließen die meisten unberührt auf dem Teller. Abends zog die Gruppe durch das romantische Viertel von Santa Cruz mit seinen lauschigen *Patios,* dann gingen sie in ein Flamenco Lokal. Daniela trug eine fliederfarbene Tunika, dazu Pumps und eine lange Amethyst Kette um den Hals. Der Professor ließ einen bewundernden Pfiff hören, was ihr die Röte ins Gesicht trieb. Luis fand es übertrieben und sagte es auch. Erwartungsvoll setzten sie sich zusammen an einer langen Tafel in die Nähe der Bühne, wo ein spanisches Paar einige Tanzfiguren vorführten. Nach dem Essen und etliche Gläser Wein wurde die Stimmung ausgelassener, und der Tanzrhythmus immer heftiger und leidenschaftlicher. Alle waren begeistert, außer Daniela, als sie merkte, dass der Professor nur noch Augen für die anmutige, dunkelhäutige Tänzerin hatte.

Am nächsten Morgen kamen viele spät und abgehetzt zum Frühstück. Granada war das letzte Ziel der Rundreise, danach ging es direkt in den Flieger. Während sie durch die pittoresken Gassen in Richtung Alhambra marschierten, dachte Daniela über Sinn und Unsinn einer so dicht bepackten, mit viel Wissen über Geschichte und Kunst, überladenen Reise nach. Vor den blühenden Gärten des maurischen Palastes, im Hintergrund die verschneiten Berge der Sierra Nevada, wurde ein Gruppenfoto geknipst und mit ihm das Phantom eines verhinderten Seitensprungs.

Auf dem Weg zum Flughafen von Málaga legte der Busfahrer eine Zwischenpause an. Die herbstliche Sonne war noch kräftig genug, um im Freien einen letzten Milchkaffee mit „B*ocadillos"* zu genießen. Derweil Luis sich an die Schlange anstellte, nutzte Daniela die Gelegenheit, den Professor über sein Privatleben auszufragen.

„Waren Sie schon einmal verheiratet?" Sie war zu direkt, aber sie konnte nicht anders.

Er verneinte und fügte nach einer Weile hinzu.

„Es ist so, wissen Sie, dass ich jahrelang meine kranke Mutter pflegen musste und keine Zeit hatte, um nach einer passenden Ehefrau zu suchen." Er seufzte.

Vor Danielas inneres Auge stiegen folgende Bilder auf. Der Professor als junger Lehrer, umworben von hübschen Kolleginnen, aber unfähig sich von seiner herrschsüchtigen, egoistischen Mutter loszureißen. Die vielen Auslandsreisen waren wahrscheinlich ein Ventil gewesen, um seine Abenteuerlust und die aufgestaute Sexualität zu erleben. Doch auch jetzt, nach ihrem Tod, konnte er sich nicht ganz von Scham und Verdrängung befreien. Nach diesem Gedankenschluss fiel ihr der Abschied viel leichter. Als sie in der Empfangshalle auf den Abflug warteten, bemerkte Luis in einem boshaften Unterton zu Daniela.

„Dein Professor macht einen geknickten Eindruck. Ich glaube, der Arme wird dich schwer vermissen --- als Schülerin, natürlich."

Daniela ging ihm an die Gurgel, doch dann zog sie stattdessen an seinem Ohrläppchen. Seine Eifersüchteleien waren harmlos, sie hatte schon lange aufgehört, sie ernst zu nehmen.

# NÄCHSTES JAHR IN MARMARIS

Fatih, dein Name bedeutet „Eroberer" und das passte genau zu dir, zu der Art wie du dich uns genähert hast, wie ein mächtiger Raubvogel, der mit stechenden dunkelbraunen Augen die weiße Taube am Horizont erspäht. Mutig und scheinbar gelassen habe ich deinen Blick und dein Grinsen erwidert, doch innerlich zitterte ich vor Aufregung und Furcht. Wir, eine Schar Touristen, hauptsächlich Frauen, waren für eine Woche Gäste in deinem Land und du wolltest uns mit den Naturschönheiten deines Landes und den Traditionen der Einheimischen bekannt machen.

Türkei hörte auf, nur ein Name auf der Weltkarte zu sein, wie bei einem riesigen Puzzle fügten sich allmählich die kleinen Stücke in unserem Kopf zu einem Ganzen zusammen. So erfuhren wir zum Beispiel, dass die Farbe Türkis ihre Benennung vom Propheten Mohammed erhielt und, dass Blau und Türkis seine Lieblingsfarben waren. Du hast unseren Blick auf die unzähligen Kacheln und Fayencen gelenkt, die die Wände von Moscheen und Mausoleen bedecken, und auf ihre geometrischen Motive und chromatische Harmonie hingewiesen. Wie ein Künstler hast du Wahrheit und Legende, Wirklichkeit und Mythen, Traditionen und Fortschritt weise zusammengewebt, dazwischen witzige Bemerkungen oder eine Anekdote eingeschoben. Unser Gelächter brachte dann den ganzen Bus zum Wackeln. Deine bildhaften Erklärungen entzündeten unsere Fantasie, während vor unseren Augen pinienbewaldete Bergmassive, silbrig-blättrige Olivenhaine, weiße Baumwollfelder, Teeplantagen und fruchtbare Täler mit

Pappeln, Eukalyptus, Haselnuss-, Granat- und Feigenbäume defilierten, eine reichhaltige Palette von landwirtschaftlichen Erzeugnissen, die die Türkei zum Füllhorn des Nahen Ostens gemacht hat.

Während dieser Woche im Spätsommer hast du uns nicht nur die Naturschätze deiner Heimat gezeigt, die weißen, von Moscheen und Minaretten gekrönten Dörfer, die vom Smog belasteten industriellen Städte, regionale Monumente und nationale Institutionen, sondern auch so, als hebe man diskret einen Schleier, die Geheimnisse deines Privatlebens, deine Studentenzeit in Europa und deine facettenreiche Persönlichkeit, eine Mischung aus Kultiviertheit und Genussfreudigkeit erahnen lassen. Du hast dich beim Anblick der bunten kulinarischen Spezialitäten, die auf unseren Tisch landeten, diebisch gefreut, wie Lammspieße mit Okra, gefüllte Auberginen, Ziegenkäse in allen Variationen, frisch gebackenes Fladenbrot, eingelegte Feigen und tausend andere Leckereien der türkischen Küche, die vom nationalen Anisgetränk, genannt Raki, abgerundet wurden.

Bald hatte ich aber auch durch deine Beschreibungen der Göttinnen aus der griechischen Mythologie dein Frauenidealbild entdeckt, eines das sich mit meiner eher blassen, unscheinbaren Erscheinung überhaupt nicht deckte. Für dich muss die Frau ausladende Hüften, eine mahagonibraune Mähne und lange, rotlackierte Nägel besitzen, wie eine femme fatale. Nichtsdestotrotz, wenn sich unsere Blicke durch den Buskorridor zufällig begegneten, fühlte ich mich wie elektrisch geladen, die Härchen auf meinen leicht gebräunten Armen standen zu Berge, genauso wie nach dem Bad in den Kalkgruben von Pamukkale. Mein ganzer Körper brannte vor Verlangen nach dir, nach deinen warmen Händen und feurigen Blicken. Du hast es erahnt, so wie du dir deiner verwirrenden Wirkung auf Frauen bewusst warst, egal ob sie jung oder alt, ledig oder verheiratet waren. Ach Fatih, wie gerne hätte ich alle anderen Weiber aus deinem Blickfeld verschwinden lassen, besonders die platinblonden, langbeinigen, die sich um dich herum scharten! Sogar die wenigen Männer in der Runde bewunderten dich und schmeichelten sich bei dir ein.

Wir alle haben die Lauscher fein eingestellt als du, gesprächiger als sonst dank des Raki, uns von deiner ehelichen Schieflage und der Sorge um deine Tochter erzählt hast. Denn inzwischen warst du ein Teil von uns geworden, unser gemeinsamer Schwarm, und wir fühlten uns berechtigt, über deine Ehe zu urteilen, dich für oder gegen eine Trennung zu beeinflussen, ohne eigennützige Gedanken, versteht sich. Jedoch bin ich überzeugt, dass jede von uns der Fantasie freien Lauf ließ und sich vor dem Abendessen besonders hübsch zurechtmachte und parfümierte. Wir hatten nur eine Stunde zur Verfügung, um die Koffer ins Hotelzimmer zu bringen, zu duschen und anzukleiden, bevor wir das Esszimmer aufsuchten. Dort warteten schon die Ersten an reichlich gedeckten Tischen: ein junges Paar auf Flitterwochen, von den anderen neidisch beobachtet, ein eingefleischter

Junggeselle mit seiner Kamera um die Schulter geschnürt als ständige Begleiterin, männliche Einzelgänger mit verbitterten Zügen um den Mund und mehrere Frauen in undefinierbarem Alter, alle offensichtlich noch auf der Suche nach einem Partner. Einige versuchten, ein unverfängliches Thema anzuschneiden, wie das aktuelle Wetter, die türkische Küche oder die übertriebene Geflissenheit der Ober, während sich andere in Schweigen hüllten, vielleicht aus Scham oder Schüchternheit. Dann tauchtest du wie ein Star auf der Bildfläche auf. Frisch, wohlriechend und gut gelaunt hast du dich nach den Kranken erkundigt (Darminfekte waren damals an der Tagesordnung), mit dem Alleswisser der Gruppe geplaudert und die ewigen Nörgler beruhigt. Wir wurden pauschal für Pünktlichkeit gelobt, die nur einmal einen Riss bekam, als die Frischverliebten sich im Gewühl des großen Basars von Istanbul verirrten. Stolz hast du uns damals durch die Blaue Moschee geführt, deine bevorzugte Andachtsstätte, da, wo du bestimmt um Allahs Rat gebeten hast, um deine Ehe zu retten, und dein bildhübsches Töchterlein behalten zu können. Vieles hatten wir schon von dir erfahren, den Rest konnte man sich leicht ausmalen. Ach, Fatih, wie stark war mein Verlangen, dich zu trösten, dich in meinen Armen zu wiegen, deine kastanienfarbenen Kraushaare zu streicheln und deine Lippen zu küssen!

Inzwischen ist die Tour vorüber, und das schmerzliche Ziehen in der Brust erträglich. Mein Mann und ich sitzen am

Ufer der Marmaris Bucht und genießen das sommerliche Strandwetter. Er liest seine Zeitung unter dem Sonnenschirm, während ich das unschuldige Spiel zweier Kinder mit Wasser und Sand beobachte. Es sind die ältesten Spielmaterialien der Welt, sie lassen sich leicht formen und gestalten und bereiten den Kindern große Freude. Nach einer Weile zieht das kleine Mädchen seinen nassen Badeanzug aus und hockt sich ganz natürlich neben dem Buben, um die gemeinsame Sandburg weiterzubauen. Im Vergleich schneide ich schlecht ab, bin verschnürt im Korsett der bürgerlichen Konventionen und eigenen Hemmungen. Meine Nacktheit versteckt sich hinter einem rosa Paravent oder in einer dunklen, modrigen Fledermaushöhle. Dankbar strecke ich meine blassen Arme der Sonne entgegen und lasse meine Augen sich an dem Anblick graugrüner Tannenwälder weiden. Dann endlich stürze ich mich in das frische, kristalline Wasser der Bucht. Am Meeresgrund kann man jeden Kiesel erkennen. Schwimmend entferne ich mich vom sicheren Ufer bis zur weißen Kette, die die Badenden von den Wassersportlern trennt, und halte mich an ihr fest, lasse meine Beine hin und her schwingen, ohne den Grund zu ertasten. Nach einer Weile trete ich auf die einzelnen Kettenglieder und balanciere mein Körpergewicht darauf, wie ein Seiltänzer im Zirkus. Es macht mir Spaß, ich kann mich frei bewegen, ohne das Gefühl zu haben, im Meer meiner konfusen Empfindungen zu ertrinken. Sogar der ständige Druck der Ehefessel auf meinem Hals ist verschwunden. Am liebsten würde ich für immer hierbleiben, mich in eine Meerjungfrau verwandeln, mit den Wellen tanzen, und nur aus der Entfernung das Tun und Lassen der Menschen am Ufer beobachten, ihre Ängste, ihre kleinen Sorgen, ihre lächerlichen Bestrebungen.

Aber das Leben ist kein Märchen, und ich muss zurück ans Ufer, wo mein Gatte, rot wie ein Krebs, auf seine Rolex hindeutet. Er macht einen irritierten Eindruck. Ich genieße die letzten Schwimmzüge voll aus und versuche beim Herauswaten die spitzen Steine zu umgehen, auf dem von Lügen gepflasterten Boden unserer Ehe.

Ach, Fatih! Warum musstest du das letzte gemeinsame Abschiedstreffen an der Hotelbar mit falschen Andeutungen beflecken? Zum Frühstück erschienst du strahlend wie immer, hast dich erkundigt, ob wir ausgeschlafen hätten, ob die Stechmücken uns gestört oder uns der Muezzin mit seiner lauten Gebetslitanei geweckt hätte. Und dann hast du die Bombe platzen lassen. Nach langem Überlegen hättest du entschieden, dich doch von deiner Ehefrau in Istanbul zu trennen und in ein Apartment in Marmaris einzuziehen. Vage Pläne über den Kauf eines Vergnügungsdampfer wurden auch von dir erwähnt. Ach, schlimmer Fatih, mitten unter den weißen, hoffnungsschöpfenden Turteltäubchen hast du deine Liebespfeile abgeschossen und dabei siegessicher gelächelt. Warum hast du das getan, grausamer Sultan, Herr und Gebieter des „Serails"? Wolltest du uns, als glühender Patriot der du warst, nur als Touristen wieder ins Land locken, oder steckte noch mehr dahinter? Das Erste

war dir ohnehin schon gelungen, indem du uns die wunder-
schönen Moscheen mit ihren gekachelten Wänden und
leuchtenden Buntglasfenstern, die nach Gewürzen und
Essenzen riechenden Hallen der Basars, die seidenen, hand-
geknüpften Teppiche und Gewänder gezeigt und erklärt
hattest. Wir durften in Cafés die aromatischen
Teevariationen genießen und sogar ein paar Züge an der
türkischen Wasserpfeife ausprobieren. Das und viel mehr
war dieses Land, deren Gesellschaft sich ständig im Wandel
befindet und weiterentwickelt, bei der sich zwei komplett
entgegengesetzte Richtungen treffen und bewähren: die
traditionell islamische und die westlich moderne.

Oder richtete sich deine geheime Botschaft speziell an eine
von uns, die bevorzugte Lieblingstaube? In diesem Fall war
es nicht fair, und du wusstest es. Arme, betrogene
Närrinnen, ich gehörte dazu, wurde wie alle anderen von dir
auf beide Wangen geküsst und fest gedrückt. Die vergiftete
Pfeilspitze würde nach und nach die schwachen Fundamente
meiner Ehebastion, so wie der Rost die alten Gemäuer von
Ephesus oder Troja, korrodieren lassen, und endlich würden
neue grüne Triebe sich der Sonne emporstrecken. Ja, ich
würde wieder kommen, diesmal alleine, verjüngt dank
Massagen und strenger Diät, die Haare kastanienbraun ge-
färbt, die Nägel in sündigem Rot bemalt und den Koffer
vollbepackt mit den raffiniertesten auffindbaren, meinem
Typ schmeichelnden Gewändern. Gleich nach meiner
Unterbringung in einem eleganten Hotel würde ich ihn an-

rufen und zu einem Glas Raki an der Bar einladen. Alles andere würde sich von selbst ergeben. Wie der Vogel Phönix würde ich mich mit ihm erheben und in den türkisfarbenen Himmel emporsteigen. Ja, alles in mir sehnte sich danach. Nächstes Jahr in Marmaris …

# SEELENVERWANDTSCHAFT

Sie erreichten die spanische Küstenstadt um die Abendzeit. Die letzten Sonnenstrahlen durchsiebten die grauen Wolken und fielen auf die Oberfläche des Meeres wie ein silbriger Regen. Heidi, eine kräftige Frau Mitte Sechzig mit kurzen, dunkelblonden Haaren, zog erleichtert die Handbremse an und kurbelte das Fenster herunter. Sie sog die salzige Meeresbrise tief in ihre Lungen ein. Dann stieg sie entschlossen aus dem Auto und begann, die Koffer auszuladen.

„Das muss das Haus der Familie Lopez sein, es entspricht der Beschreibung am Telefon. Komm, beeile dich, ich möchte vor dem Auspacken gleich unter die Dusche!"

„Ruhig, wir haben viel Zeit vor uns!", sagte ihr Begleiter, ein schmächtiger Mann mit dickem Bauch, der sein hochrotes Gesicht mit einem großen Taschentuch abtrocknete. Schwer beladen schritten sie mühsam den Kiesweg entlang bis zum Tor mit der Aufschrift „Rezeption". Das Büro war leer. Erst als Heidi eine große Glocke auf dem Schreibtisch schellen ließ, erschienen die schwerhörigen, betagten Eigentümer. Nach dem Grüßen übergaben sie Heidi die Schlüssel ihres Bungalows. Im Außenbereich waren ein kleiner Garten und eine Hollywoodschaukel, im Inneren mehrere hell eingerichtete Schlafzimmer, wo Bettüberzug und Gardinen farblich aufeinander abgestimmt waren.

Im kleinen Wohnzimmer mit Fernseher lagen überall Muschelschalen, Modellschiffe und bunte Glasobjekte, Bad und Küche waren mit allem Nötigen ausgestattet. Auf schweren Tonschalen stapelten sich Orangen, Zitronen und

Quitten, was dem Ambiente eine fröhliche Duftnote verlieh. Heidi entschied sich sofort für das blaue Schlafzimmer, Bert nahm das gelbe.

Er packte seinen Koffer bedächtig aus und überlegte gut, bevor er die Klamotten in den Schrank packte. Das war seine Strategie, um unnötigem Streit vorzubeugen, für den Fall, dass es Heidi mal wieder ganz eilig mit dem Ausgehen haben sollte. Während sie noch im Bad beschäftigt war, schaute er sich die Bilder im Zimmer an. Sie waren alle ähnlich: das gleiche Mädchen mit blonden, wallenden Haaren vor dem Hintergrund der vier Jahreszeiten. Ein Massenprodukt. Plötzlich entdeckte er einen schwarzen Fleck an der Decke. Er setzte seine Brille auf und erkannte, dass es sich um eine mittelgroße Spinne mit sehr langen Beinen handelte. Als Heidi im Bademantel die Nasszelle verließ, überkam ihn der Impuls, sie zu schockieren.

„Ich habe einen Untermieter in meinem Zimmer!" - - - „Wiiie?!"

„Da! Siehst du ihn?" - - - „Aber, das ist doch nur eine Spinne! Wirst du sie nicht töten?"

„Wozu denn? Es ist ein harmloses Insekt, das mir bestimmt die lästigen Schnaken vom Halse fernhalten wird!"

Heidi hob die Schultern und ging in ihr Zimmer, um sich anzuziehen. Sie inspizierte jeden Zentimeter der eigenen Vier Wände und nahm sich vor, die Tür vor dem Schlafengehen fest zu verriegeln, für den Fall, dass das Spinnenmännlein es wagen sollte (denn sie war überzeugt, dass es sich um ein männliches Wesen handelte), in ihr Territorium einzudringen.

Am nächsten Morgen begann die Strandroutine, sie begann ohne größere Vorfälle, abgesehen von Heidis gehässiger Art, wie sie die spanischen Kellner behandelte, wenn sie ihnen angebrannte Hähnchen, in Öl schwimmende Pommes frites oder mit Tomaten zerriebene Baguettes präsentierten.

„Merkst du, Bert, wie dumm diese Leute sind? Hier in dieser Gegend wachsen die besten Tomaten der Welt, groß und fleischig, ideal, um sie in dicke Scheiben geschnitten auf das Brot zu legen. Aber was machen die Wirte? Sie zerreiben das Fruchtfleisch darauf und servieren dir dann ein nasses Sandwich!"

Bert nickte bejahend. Er machte sich sowieso nichts aus Tomaten, dagegen mehr aus einer Karaffe Wein, die vom Ober diskret immer wieder aufgefüllt wurde. Solange die einheimischen Sorten Wein auf dem Tisch standen, fühlte er sich entspannt und wohlig warm. Wegen dieser Schwäche hatte Heidi ihm schon vor Jahren verboten, Auto zu fahren. Am Strand begnügte er sich mit dem Anblick von hübschen, kurvenreichen Sonnenanbeterinnen, doch in der Kneipe bevorzugte er ein schattiges Plätzchen mit einer vollen Karaffe zur Hand. Was er am meisten fürchtete, waren Heidis öffentliche Wutausbrüche, mit denen sie ihn wegen irgendeiner Nichtigkeit lächerlich oder zur Schnecke machte. In solchen Momenten beneidete er die spanischen Machos, die sich von ihren Frauen nicht schikanieren ließen und mit der Solidarität ihrer Kumpels rechnen durften. Wie gern wäre er seine Ehefrau losgeworden, doch dazu fehlte ihm der nötige Mut.

Heidi hatte sich seit Tagen in den Kopf gesetzt, eine Wanderung an der Küste entlang bis zum nächsten Badeort, etwa sechs Kilometer entfernt, zu unternehmen. Das Ehepaar Lopez warnte beide davor, denn der Weg sei zu lang und zu anstrengend. Auf jedem Fall müssten sie gut ausgerüstet starten, adäquates Schuhwerk, Mützen und Sonnenschutzmittel dabei haben. Frau Lopez erzählte ihnen die Anekdote von einer deutschen Touristin, die den Ausflug gewagt und erst um Mitternacht rot wie ein Krebs, fiebrig und fantasierend, zurückgefunden habe. Doch diese Warnungen schlug Heidi in den Wind. Bert wäre viel lieber im schattigen Laubengang des Hauses geblieben, die deutsche Zeitung in einer Hand und das Glas Wein in der anderen.

„Seitdem du in Pension geschickt worden bist, liegst du den ganzen Tag faul auf der Couch und siehst fern!", schimpfte zuhause seine Frau, die jeden Morgen joggte, um sich fit zu halten. Währenddessen bereitete er die Müslischalen mit frischem Obst, den grünen Tee und das Knäckebrot vor. Das gab es zumindest hier nicht, nur den tollen, echten Apfelsinensaft.

Die Neugier trieb ihn zurück zum Schlafzimmer. Er fragte sich, wovon sich das Spinnenmännlein wohl ernährt, ob es, dem Polarbär ähnlich, sein Energiebedarf über längere Zeit drastisch reduzieren konnte. Warum beschränkte es seinen Lebensraum auf ein Minimum, obwohl es doch das ganze Haus zur Verfügung hatte? Manchmal bewegte es die langen Beine synchronisch, als würde es Turnübungen ausführen. Eines Tages rutschte es sogar an einem unsichtbaren Faden herunter, dann aber, wie von seiner eigenen Kühnheit überwältigt, kletterte es schnell wieder hoch und nahm seine alte Position ein, gleich einem buddhistischen Mönch, der sich auf eine Meditationsphase einlässt.

Am Tag des Ausflugs wurde reichlich gefrühstückt (eine Ausnahme, wie Heidi betonte) und pünktlich gestartet. Jeder schleppte eine Plastikflasche mit anderthalb Liter Wasser gegen den Durst mit. Sie nahmen an der Küste entlang Kurs gen Norden. Kies und kaputte Muschelschalen knirschten unter ihren schweren Wanderschuhen. Die Sonne stieg immer höher, die Wärme rötete ihre Gesichter und erhitzte ihre Körper. Vor allem Bert litt unter der Anstrengung, er wurde langsamer und schnaubte wie ein altes Dampfross vor sich hin. Die Beine taten ihm höllisch weh. Er spielte mit dem Gedanken, sich hinter einem großen, kühlen Felsen am Wasser einfach fallen zu lassen. Doch Heidi drehte den Kopf alle zwanzig Meter um, und ihre Geste zwang ihn, weiterzumarschieren. Der Abstand vergrößerte sich immer mehr, und schließlich war Heidi nur noch ein schwarzer Punkt am Horizont, der dann aber ganz verschwand. Es hatte keinen Sinn, er konnte sie nicht mehr einholen. Das Einzige, was ihm einfiel, war, das nächste Dorf aufzusuchen und dort in der größten Bodega auf sie zu warten. Sie musste ja zwangsläufig auf dem Rückweg dort vorbeikommen. Benebelt und mit schwankendem Schritt erreichte er ein paar weiß gestrichene hohe Stufen, die ins Landesinnere führten. Es gab kein Geländer, er kroch auf allen Vieren, sein Kopf schien zu zerplatzen …

Heidi hatte die gleichen Stufen mühelos erklommen und marschierte jetzt auf einer geraden Straße mitten durch die Artischockenfelder. Hier und da tauchten kleine Fincas im Schatten von Granat- und Mispelbäumen auf. Die Mittagsruhe wurde durch bedrohliches Bellen von Wachhunden und das laute Hupen vorbeifahrender Geländewagen gestört. So hatte sie sich den Ausflug nicht vorgestellt. Die sengende

Hitze, die aggressiven Bauern und das Verschwinden von Bert trugen zu ihrer schlechten Laune bei. Erst als sie in der Ferne die Verkehrsschilder für die Autobahn entdeckte, schöpfte sie neuen Mut. Eine Haltestelle für den regionalen Bus musste vorhanden sein und so war es auch. Erleichtert stieg sie ein und verschwendete keinen weiteren Gedanken an Bert. Daheim ließ sie sich mit Behagen auf die Schaukel plumpsen und blätterte in Modezeitschriften herum.

Als das Sonnenlicht schwächer wurde, genoss sie den Anblick der Rosenbüsche, der vielen Kakteen in Tontöpfen rund um den Laubengang und der Silhouette dickbäuchiger Palmen im Garten, die sie an riesige Ananas erinnerte. Wo sich wohl Bert befand? In einer Kneipe mit dem Wirt bei einem Glas Wein auf Spanisch radebrechend? Es würde bestimmt nicht bei dem einen bleiben.

Gegen Mitternacht hielt sie es nicht mehr aus. Von einer plötzlichen Eingebung getrieben lief sie in Berts Schlafzimmer und studierte die Wände. Sie suchte das Spinnenmännlein, als ginge es um ihr Leben. Sie suchte im Schrank, suchte zwischen den Gardinen, suchte auf das Bett. Nichts! Das Spinnenmännlein war, wie durch Zauberhand --- endgültig verschwunden.

# DER ABENTEUERLUSTIGE STROHHUT

Heute ging es mir wunderbar, während ich am Strandufer eines spanischen Badeortes dahin schritt. Nach zwei kalten, windigen Frühlingstagen hatten sich die grauen Wolken endlich verzogen. Die Touristen durften sich wieder unter den warmen Sonnenstrahlen rekeln. Impulsiv streifte ich meine Sandalen ab, steckte die Füße ins kühle Nass und ging planschend weiter, in der einen Hand die Schuhe, derweil die andere den breitkrempigen Strohhut am Kopf festhielt.

Das Meer war aufgewühlt und der Wellengang stark. Trotzdem riskierte ich immer wieder einen Blick auf Anhäufungen von kuriosen Muschelschalen, glänzenden Kieseln und von Parasiten durchlöcherten Mineralstücken, zu werfen. Besonders wenn sie eben vom Wasser umspült und von der Abendsonne beschienen worden waren, glänzten sie wie Diamanten, von einem ozeanischen Goldschmied poliert. Hin und wieder wurden meine nackten Beine den körnigen, peitschenden Hieben des Windes aus dem Landesinneren ausgesetzt.

Als ich mich beugte, um eine spiralförmige Muschel vom Sand zu heben, lockerte sich mein Griff, und eine starke Bö entriss mir den Hut aus der Hand. Sekundenlang schwebte er in der Luft, dann fiel er schwankend auf das seichte Gewässer des Ufers. Frenetisch hüpfte ich hinein und versuchte ihn zu erhaschen, doch die Dünung schleppte ihn wie eine Trophäe von mir weg. Er lag jetzt kopfüber auf den Wellen und tanzte mit ihnen einen fröhlichen Walzer. Dabei winkte er mit der blauen Paspel seiner Schleife wie ein Neuling auf seiner ersten Seereise. Lange verfolgten meine Augen seine immer kleiner werdenden Umrisse seewärts, bis eine große gischt- gekrönte Welle ihn verschlang.

Welches Schicksal erwartete ihn als Emigrant? Ob eine kleine Fischfamilie sich in seiner Stulpe wohlfühlen, oder eine Möwe auf seiner Krempe eine Pause einlegen würde? Vielleicht würde das Strohgeflecht einem Fischschwarm als willkommene Mahlzeit dienen. Oder ein Delphin die blaue Schleife erbeuten und damit spielen …

Barhäuptig und von einer seltsamen Traurigkeit erfüllt, verabschiedete ich mich von meinem abenteuerlustigen Strohhut, den aus Neid Neptun mir den Händen entriss und die Sirenen in die Tiefe des Meeres hinabzogen …

..

# ROSIE CORDSEN-ENSLIN

Wurde in La Serena (Chile) 1944 von deutschen Eltern geboren. Sie studierte Anglistik an der Chile-Universität und unterrichtete Fremdsprachen bis zu ihrer Auswanderung 1973 nach Deutschland. Sie wohnt zur Zeit in Bad Vilbel.

Schon zehnjährig schrieb Frau Cordsen-Enslin ihre ersten Gedichte auf Spanisch. In Spanien erschienen viel später ein Lyrikband und zahlreiche Artikel für spanische Tageszeitungen. Danach folgte 2001 die Publikation eines Sammelbandes ihrer Erzählungen („Vida de batracio" = Froschleben).

Nach dem erfolgreichen Abschluss eines Fernkurses an der Schule des Schreibens (Hamburg) hat sich die Autorin auf die Erfindung von Kurzgeschichten, Gedichte und Limericks in deutscher Sprache konzentriert, wie im Tierbuch „Heiteres und Skurriles in Versen und Prosa", erschienen 2008 beim Verlag Buch+Bild. Parallel dazu wurden einige ihrer skurrilen Geschichten in Werken des Societäts- und des Cornelia Goethe Verlages aus Frankfurt aufgenommen.

Der jetzige Sammelband von Erzählungen verdankt seine Entstehung den vielen unternommenen Reisen von Frau Cordsen-Enslin und ihrem Mann.

Seit Gründung des Karbener Literaturtreffs e.V. im Jahre 2011 sind beide aktive Mitglieder des Vereins und beteiligen sich an diversen literarisch-musikalischen Veranstaltungen in der Wetterau.

108

# INHALTSVERZEICHNIS

Von Rosie Cordsen-Enslin ist ferner

in Deutsch erschienen:

„Vom Rotaugenfrosch und anderen Tieren"

ISBN 978-3-931933-76-0

.